경성의 화가들, 근대를 거닐다

- 서촌편 -

경성의 화가들, 근대를 거닐다

:: 서촌편

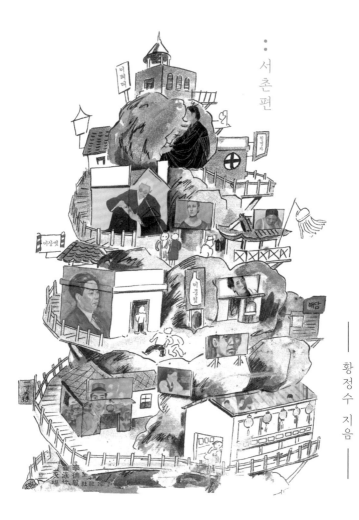

황정수 지음

푸른역사

한국 근대미술사는 저물어가는 조선의 명운을 밀어내고 새로이 밀려온 서구 문물의 유입과 같은 길을 걷는다. 조선에 들어온 유럽 화가들은 조선 문화계에 잔잔한 충격을 주었고, 메이지 유신을 통해 비약적 발전을 한 일본 문화가 들어오며 점차 조선 문화계를 물들이기 시작한다. 일본인 화가가 외교사절을 따라와 고종의 초상화를 그리기도 했고, 일본인 화가들이 조선에 들어와 거주하며 활동하기도 한다. 이러한 분위기가 오래 지속되면서 조선인들 중에 서구미술, 곧 일본을 통해 유입된 서양 미술에 관심을 갖는 이들이 생기게 되었다.

한국인 최초로 서구 미술을 배우기로 마음먹은 이는 고희동이다. 1909년 고희동은 서양화를 배우고자 일본으로 가는데, 이는 이미 안중식 문하에 드나들며 서화를 배웠던 것도 크게 작용했다. 이러한 동양 문화의 서양화 경향은 일본 문화가 서양문화와 혼성되는 과정과 유사한 양상을 보인다. 한일병탄 이후 더욱 많은 한국인들이 서양 문화를 배우러 일본으로 유학을 떠난다. 이들은 공부를 끝내고 돌아와 대부분 경성에 자리 잡고 활동한다. 당시 미술 활동을 할 수 있을 만한 저변이 형성된 곳은 경성밖에 없었다.

1922년 조선총독부에 의해 조선미술전람회가 창설되자 미술인들의 경성 집중은 더욱 심화된다. 미술가들은 대부분 북촌 지역과 서촌 지역을 중심으로 활동하는데 이에는 몇 가지 이유가 있다. 조선미술전람회를 주관하는 조선총독부가 경복궁 안에 있었고, 전람회를 주로 열었던 덕수궁미술관 또한 멀지 않은 곳에 있어 북촌과 서촌에 거주하는 것이 유리했다. 이 지역에 공립, 사립 중등학교가 많아 교사로 일하기 쉬웠던 것도 하나의 이유이다. 당시 미술 작품을 전시할 만한 화랑은 주로 백화점이나 신문사였는데, 대부분 종로나 명동 지역에 있어 드나들기 쉬웠던 점도 있었다.

당시 일본인들은 조선 후기 미술품 거래의 중심이었던 광통교 부근의 인사동 지역을 새로운 미술품 거래의 중심지로 조성한다. 이에 따라 북촌과 서촌은 미술가들이 활동할 수 있는 더욱 좋은 여건이 되었다. 또한 북촌은 조선시대 명문 집안의 후예들이 살아 경제적 여유가 있었고, 서촌 지역은 본래 경제적 여유가 있는 중인들이 많이 산 데다 일제강점 이후 궁궐이나 총독부와 관련 있는 신흥 부자들이 있어 미술인들을 후원할 만한 곳이었다. 이들은 미술계의 고객 또는 후원자 역할을 했다. 점차 더욱 많은 미술인들이 북촌과 서촌에 몰려들었고, 이들은 전설 같은 이야기를 만들어냈다.

필자는 이러한 미술인들의 이야기를 찾아 정리하고 싶었다. 마침 북촌 지역에 제법 오랫동안 거주하면서 많은 미술인들의 이야기를 접할 수 있었다. 산책하며 올라가던 길은 고희동이 살던 곳이고, 내려오는 길은 김은호가 살던 동네였다. 그 동네에는 김은호의 제자들이 모여 살아 백윤문, 김기창, 이석호 등 여러 제자들의 삶의 흔적이 남아 있었다. 탑골공원 주변도 오세창, 김용진, 이병직 등 많은 화가들이 살던 곳이었다. 지나치다 만난 교회는 근대 화가들이 다니던 곳이었고, 자주 식사를 하던 식당은 알고 보니 저명한 화가가 살던 곳이었다.

북촌 가까이에 있는 서촌의 인왕산 자락에서도 쉽게 많은 미술인들의 흔적을 찾을 수 있었다. 조선 후기에 부를 축적하고 서화에 능했던 중인들의 후예 중 서양 문물에 눈뜬 이들이 이곳에 자리 잡았고, 이들은 선진적인 모던보이로서 근대문화계에 중요한 역할을 했다. 당대 최고의 화가였던 이상범과 제자들의 흔적이 곳곳에 있었고, 구본웅이나 이쾌대 등 서양 미술 선구자들의 터전도 쉽게 확인할 수 있었다.

이러한 근대미술가들의 사연을 마냥 그대로 둘 수 없어 글로 쓰기 시작했다. 미리 자료 조사를 해 놓은 주제가 아닌 새로 준비해야 하는 것이 대부분이라 어려움이 많았다. 바로 주제를 정하고, 답사를 한 후, 자료 조사를 해서 글을 써야 했기에 늘 마음이 바빴다. 근거 자료가 별로 없는 장소들을 수소문해서 찾아다니다 보니 어려운 점도 많았다. 수차례의 도시 정비로 길이 달라져 있고, 주소도 명확치 않고, 그곳 사정을 아는 거주민들도 세상을 떠나거나 이주하여 도움을 받기도 쉽지 않았다. 그럼에도 지치지 않고 진행할 수 있었던 것은 당대를 살았던 예술가들의 삶이 고달팠지만 아름다웠던 덕분이다.

글이 쌓여 이렇게까지 책을 낼 수 있었던 데에는 많은 사람들의 도움이 있었다. 어려운 지면을 내준 오마이뉴스 이한기 본부장의 호의를 잊을 수 없다. 책을 멋지게 꾸며준 도서출판 푸른역사 사장님과 편집자, 또한 지역답사를 도와준 동네 분들, 자료를 빌려 준 친구들, 마지막 원고 정리를 도와 준 친구에게도 고마움을 표한다. 특별히 삶의 마지막 순간을 정리하느라 고생하시는 부모님과 늘 힘이 되는 딸의 정신적 후원도 잊을 수 없다.

2022년 2월
경운동 산수청음실에서

2

수성동 밑
옥인동 주변

3

필운동과
사직동 부근

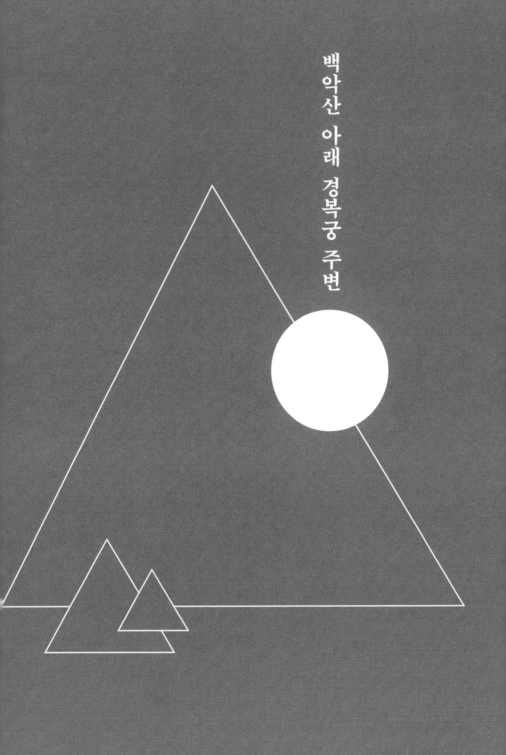

백악산 아래 경복궁 주변

인왕산을 바라보며
경복궁을 지나다

서촌에 대한
아련한 기억

　　　　　한국 민속학 연구의 선구자 중 한 명으로 꼽히
는 임석재任晳宰(1903~1998) 선생은, 원래 경성제국대학에서 철학을 전공
한 심리학 교수였지만 민속학에 매료되어 일생을 바친 분이다. 충청도 논
산 출신이었으나 어린 시절부터 서울에서 살았고 민속학을 오래 연구하
여 옛 서울 사정에 정통한 분이었다.

　순박한 인상의 선생은 참으로 입담이 좋았다. 한번은 민속학을 연구하
는 후배들 앞에서 옛날 서울 이야기를 할 기회가 있었다. 선생은 마치 당
시 거리를 걸으며 말하듯, 조선 말기부터 일제강점기까지의 서울 모습을
흥에 겨워 엮어나가셨다. 조선시대 사대문 안 이야기에서부터 북촌, 남산

골, 종로, 광화문 앞 육조거리 등에 대한, 참으로 감칠맛 나는 이야기였다.

예전에 서울 토박이라는 분들의 서울 이야기를 들은 적이 없지 않았지만, 선생의 말씀은 특히 실감나고 흥미로웠다. 그때 들었던 이야기 중 가장 기억에 남았던 것은 중인들이 살았던 '서촌' 이야기였다. 조선시대 중인뿐만 아니라 근대의 개화된 중인들까지 섞어 말씀을 하는데 그 흥미진진한 이야기는 여러 번 읽어도 질리지 않는 재미있는 소설 같았다. 그때 이후로 서촌은 항상 나의 호기심을 자극하는 매력적인 동네로 자리잡았다.

광통교 위쪽 우대와
아래쪽 아래대

광통교를 중심으로 나뉘는 '우대'와 '아래대'는 근대 서울 문화의 한 축을 이루는 곳이다. 광통교 위, 인왕산 아래쪽을 지칭하는 우대는, 주로 중인 중에서도 비교적 고급 관리가 살았다. 광통교 아래 왕십리 쪽을 말하는 아래대는, 대개 훈련원의 하급 무관武官들이 살았다. 그래서 우대에 사는 이들은 아래대에 사는 이들을 같은 중인이라도 내려다보는 경향이 있었다 한다.

우대는 '웃대' 즉 '상촌上村'이라고 불렸는데 지금은 통상 '서촌'이라 부른다. '서촌'은 경복궁의 서쪽에 있다고 해서 붙은 이름이다. 서울 토박이들은 서촌을 '웃대'가 아니라 '우대'라 했다. 한자로 '하대下臺'라 썼던 아래대 또한 '아랫대'라 하지 않고 '아래대'라 칭했다. 지금도 나이 많은 원로 중에는 여전히 경음화하지 않고 '우대', '아래대'로 말하는 이들이 있다. 세칭 '서울말'이라는 관습 때문으로 추측된다.

중인은 조선시대 양반과 상민의 중간에 있던 신분계층이었다. 양반을 도와 관청에서 일하는 서리胥吏, 의학이나 법률 등 전문적인 업에 종사하는 잡직雜職, 외국과 교류할 때 외국어 통역을 맡은 역관譯官 등이 이에 해당된다. 도화서圖畫署에 속한 화원도 대부분은 중인이었다. 당시는 유교 사회였기 때문에 기술 교육은 상대적으로 천대받았고, 중인은 양반 사대부 계층에 비해 차별대우를 받았다. 신분과 직업을 세습해야 했던 중인은 청요직淸要職은 물론 일반 관직에도 나아갈 수 없었으며 승진에도 제한이 많았다. 그러나 중인들은 현실적인 행정사무에 종사한 덕에 현실 적응력이 매우 뛰어났다. 중인들 중에는 대대로 이어오는 전문 지식과 행정 경험을 바탕으로 양반을 능가하는 큰 부자가 된 사람도 적지 않았다.

조선 후기에 중인들의 경제력이 커지자 사회에 미치는 영향력도 더욱 확대되었다. 이들은 처음에는 자신들끼리 모임을 만들고 풍류를 즐겼지만, 19세기에 들어 신분제도가 흔들리자 점차 양반의 차별 대우에 맞서 신분을 향상하려는 통청通淸운동을 벌이기도 했다. 중인 신분은 1894년

광화문 너머 바라보이는 인왕산

갑오개혁으로 신분 제도가 폐지되면서 사라졌다. 이후 중인 출신 인물들은 새로운 시대에 맞는 전문 지식을 활용해 근대 사회를 앞당기는 선진 지식인의 역할을 맡았다. 재주와 학문을 겸비한 이가 많던 중인들은 근대기의 변화에 누구보다 빨리 적응했다.

서촌을 떠나지 않은 중인의 후예들 덕분에 서촌은 점차 다른 지역에 비해 문화 수준이 높은 지역이 되었다. 궁궐에서 가깝고 창의문彰義門이 가까워 도성 밖으로 나가기 좋았던 입지도 실용적인 신흥 세력들이 모여드는 계기로 작용했다. 일제강점기에 들어왔던 많은 일본인들이 서촌에 자리잡은 것도 이러한 입지 때문이었다. 자연 환경도 한몫 거들었다. 병풍처럼 뒤를 둘러싼 인왕산, 아름다운 수성동 계곡, 마을 앞을 흐르는 개천 등 산수가 조화로운 천혜의 환경을 가진 곳이 바로 서촌이다.

서촌을 향해 걷다가
'동십자각'을 만나다

서촌행 발걸음을 조계사 앞 도화서터에서 시작한 것은 봄꽃을 찾아 산에 오르거나 여름 더위를 피해 인왕산 계곡을 찾던 조선시대 화원들의 발길을 따라 걸어보고 싶은 마음에서였다. 화원들은 흙길을 따라 개천을 끼고 걸었겠지만, 이제 서울의 거의 모든 길

조계사 앞 도화서터 표석

은 아스팔트나 보도블록이 깔려 있어 흙 맛을 보기 어렵다.

아쉬운 마음을 뒤로 하고 걸음을 옮겨 율곡로를 오르니 저 멀리 인왕산이, 아래쪽으로 위엄 있는 경복궁의 자태가 보인다. 산과 궁궐은 옛날 화원들이 바라보던 그대로이나 새로운 문명이 손을 댄 길과 건축물은 그때의 모습이 아니다. 흙길은 포장되어 발길을 어색하게 하고, 물길은 사라져 흔적조차 볼 수 없다. 몇 발자국을 옮기자 경복궁의 시작을 알리는 동쪽 끝, 동십자각이 우뚝 솟아 있다.

동십자각은 본래 사헌부, 사간원에 소속된 언관言官들이 궁궐을 출입하는 사람들을 감찰하던 곳으로, 성상소城上所라고도 했다. 일제가 조선총독부를 지으면서 광화문을 옮기고 궁장宮牆을 철거할 때 떨어져 나와 지금처럼 길 가운데 남게 되었다. 이러한 일제의 무도함은 당시에도 많은 비판을 받았다.

공사가 진행되던 1924년 당시 근원近園 김용준金瑢俊(1904~1967)은 근처 계동의 중앙고등보통학교에 다니던 학생이었다. 당시 중앙고보에는 도쿄미술학교 출신의 서양화가 이종우李鍾禹(1899~1981)가 도화 선생으로 있었다. 김용준은 이종우에게 많은 영향을 받아 미술에 뜻을 두기 시작한다.

민족의식이 강했던 김용준은 등하굣길에 궁궐의 유적이 파헤쳐지는 모습을 보며 많은 충격을 받는다. 그는 학교에 돌아가 이때 느낀 것을 화폭에 옮기기 시작한다. 작업은 주로 중앙고보 도화 교실에서 했다. 이종우의 지도를 받아 완성한 이 작품은 1924년 제3회 조선미술전람회에 〈동십자각〉이라는 제목으로 출품되어 입선한다. 시대상을 보여주는 비판적인 내용과 작가가 고보 4학년 학생이라는 점 때문에 당시에 큰 화제가 되었다.

이종우의 회고에 의하면 이 작품의 원래 제목은 〈건설이냐? 파괴냐?〉였

• 김용준, 〈동십자각〉 •• 현재의 동십자각

《제3회 조선미술전람회도록》(1924)

다고 한다. 김용준의 의식을 잘 보여주는 일면이다. 경복궁 담장을 허무는 공사에 대한 비판 의식이 강하게 드러나는 제목이라 바꾸었다고 한다.

작품이 화제가 되자 당시 중앙고보 설립자였던 인촌仁村 김성수金性洙(1891~1955)의 관심을 받는다. 인촌은 자신의 학교 학생인 김용준을 격려하고 〈동십자각〉을 구매한다. 김성수가 작품 대금을 넉넉하게 준 덕분에 김용준은 중앙고보를 졸업한 뒤 이 돈으로 도쿄미술학교로 미술공부를 하러 떠나게 된다.

광화문에서 바라본 백악

동십자각의 끊어진 담장을 따라가며 걷다보면 우뚝 솟은 경복궁의 정문 광화문이 나타난다. 광화문은 조선왕조 500년을 간직하고 있는 조선의 표상일 뿐 아니라 현 대한민국을 상징하는 대문이기도 하다. 광화문은 조선왕조 건국 직후인 1395년 경복궁의 건립과 함께 세워졌다. 건립 당시 이름은 '사정문四正門'이었으나 세종 때인 1425년에 '왕의 큰 덕이 온 나라를 비춘다'는 의미의 '광화문光化門'으로 바꿨다. 《서경》에 나오는 '빛이 사방을 덮고 교화가 만방에 미친다'는 뜻의 '광피사표光被四表 화급만방化及萬方'에서 차용해 붙인 이름이라고 한다.

광화문은 경복궁 동서남북에 있는 건춘문·영추문·광화문·신무문 등 4개의 대문 가운데 남쪽의 정문이다. 광화문은 500년 조선 왕조의 역사와 영욕을 함께한다. 임진왜란 때 화재를 당한 뒤 고종 때 중건되었고, 다시 6·25전쟁 때 소실되었다가 제3공화국 시절에야 복원되는 등 많은 수난을 겪는다. 근래에는 현판을 다시 만드는 과정에서 또 한 번 시련을 겪고 있다. 한민족의 수난사 그 자체라 해도 과언이 아니다.

가을날 맑은 하늘 아래 광화문에서 반듯하게 백악을 바라보면 조선의 마지막 화원인 심전心田 안중식安中植(1861~1919)의 작품 〈백악춘효白岳春曉〉(백악의 봄날 새벽)가 떠오른다. 조선시대에서 근대에 이르기까지 이곳 광화문과 백악을 응시하며 그린 그림으로는 안중식의 작품이 단연 돋보인다. 사실 안중식의 작품 외에는 광화문과 백악을 그린 작품이 매우 드물기도 하다.

이렇게 된 데에는 크게 두 가지 이유가 있다. 먼저 조선시대에 임금이 사는 궁궐의 모습을 그리는 것이 금기시되었기 때문이었을 것이다. 특히 조선 전기 왕권이 강하던 시절에 궁궐을 소재로 사적인 작품을 그리기란

광화문에서 바라본 백악

쉽지 않았을 것이다. 둘째로는 경복궁이 임진왜란 때 소실되어 200년 넘게 유허로만 남아 있었기 때문이다. 조선 후기에는 실제 그대로의 풍경을 그리는 일이 많았다. 하지만 경복궁은 고종 때 와서야 중건되었다. 폐허가 된 경복궁 터를 그린 정선鄭敾(1676~1759)의 〈경복궁慶福宮〉 정도를 제외하면 작품이 없는 것은 당연한 일이었다.

강희언姜熙彦(1738~1784)이 그린 〈북궐조무北闕朝霧〉 같은 그림이 남아 있긴 하나 안중식 작품의 넓은 시야와 규모를 따르지 못한다. 이러한 안중식의 솜씨는 그의 타고난 필력도 있지만 영선사領選使를 따라 청나라에 가서 일 년 동안 머무른 경험 또한 큰 힘이 되었을 것이다. 그는 청나라 천진의 무기 공장에서 각종 기계와 무기 설계, 제도법을 익혔다.

안중식은 1915년 한 해에 〈백악춘효〉라는 제목의 작품을 두 점 그린다. 한 점은 여름에, 또 다른 한 점은 가을에 그렸는데도 모두 '봄 풍경'이다. 봄날의 백악을 배경으로 광화문과 그 너머의 경복궁 모습을 그렸다. 운무가 감도는 궁궐의 모습이 신비로움을 느끼게 한다. 장승업張承業(1843~1897)의 수제자라는 명성에 어울리게 화려한 필치로 그려진 풍경을 보면 산수에 대한 명쾌한 해석이 엿보인다. 또한 궁중 화원이 가져야 할 기본기에 충실하여 궁궐 건물 표현이 좋고 소재들 간의 배치가 뛰어나 꽉 차게 그렸는데도 오히려 여백의 아름다움이 느껴진다.

두 작품에서 가장 재미있는 부분은 같은 해에 같은 소재를 그렸는데도 작품의 구성이 조금 다르다는 것이다. 한 계절 차이임에도 그새 궁궐 주변의 모습이 변해 있다. 가장 두드러지는 부분은 가을에 그린 작품 속에 해태가 하나밖에 없다는 것이다. 이는 안중식의 실수로는 보이지 않는다. 당시 신문물을 접하고 사실적인 그림을 배운 그가 작품의 균형감을 잃게 할 정도의 중요한 소재를 빠뜨렸을 리가 없다.

• 안중식, 〈백악춘효〉, 여름 작(1915) •• 안중식, 〈백악춘효〉, 가을 작(1915)

국립중앙박물관 소장

그렇다면 광화문 앞 해태에게 무슨 일이 일어난 것일까? 안중식이 이 작품을 그린 1915년, 경복궁에서는 조선물산공진회朝鮮物産共進會라는 박람회가 열렸다. 일본과 조선이 함께 발전하는 모습을 보여준다는 목적에서 개최된 이 행사를 위해 조선총독부는 궁궐 건물을 헐어내 새로 가건물을 짓고 기물을 옮기는 등의 만행을 저지른다. 이 와중에 해태 또한 옮겨졌으리란 추측이 가능하다. 조국의 궁궐이 파헤쳐지는 만행을 보는 안중식의 마음이 편했을 리 없다. 그렇다고 서슬 퍼런 제국의 힘 앞에서 자신의 뜻을 마음껏 펼쳐 보이지도 못했을 것이다. 이러한 자신의 마음을 그림 한 구석에서나마 표현한 것이 아닐까 생각해본다. 한편으론 저물어가는 조국의 모습에 대한 안타까운 마음의 표현일지도 모른다.

진명여학교를 세운
엄귀비와 졸업생 나혜석

진명여학교를 세운
순헌황귀비 엄씨

경복궁 서쪽 담을 끼고 영추문을 지나 백악산 가까이 창성동에 가면 넓은 장소에 커다란 건물이 들어선 곳이 있다. 현재 청와대 경호동인 이곳은 1989년 이전까지는 당대의 명문여학교 중 하나였던 진명여자고등학교가 있었다. 근대기에 세워진 다른 사립 여학교들이 외국인 선교사들에 의해 만들어진 것에 비해, 이 학교는 한국인이 세운 최초의 여학교라는 커다란 자부심을 가지고 있었다. 진명여고를 설립한 이는 고종의 후궁이자 영친왕의 친모인 순헌황귀비純獻皇貴妃 엄씨嚴氏(1854~1911)였다.

순헌황귀비를 세상에서는 보통 '엄귀비', '엄비'로 부른다. 그는 8살 때

궁녀로 궁에 들어와 명성황후明成皇后 민씨閔氏(1851~1895)의 시위 상궁으로 있다가 고종의 눈에 띄어 승은을 입게 된다. 이를 안 명성황후는 엄상궁을 궁 밖으로 쫓아낸다. 그러나 명성황후가 을미사변으로 세상을 떠나자 고종은 엄상궁을 다시 궁으로 불러들인다.

엄상궁이 42세의 늦은 나이에 영친왕을 낳자 정식으로 후궁의 첩지를 받는다. 이후 귀인, 순빈, 순비에 순차적으로 봉해진다. 고종은 엄씨를 황후로 세우고 싶어 했으나 큰 반대에 부딪혔다. 그의 신분이 원래 상민이었고, 후궁은 왕비가 될 수 없다는 궁중의 법도 때문이었다. 그래서 결국 황후 바로 아래이자 후궁 중에서 가장 지위가 높은 '황귀비'에 봉해졌다.

고종이 새로 황후를 들이지 않자 엄귀비는 황후나 다름없었다. 엄귀비는 아관파천(1896)으로 고종, 순종이 러시아 공사관으로 갈 때에도 함께했다. 그러나 1910년 경술국치 후 귀비로 격하되고, 이듬해 1911년 덕수궁 함녕전에서 장티푸스로 세상을 떠났다. 엄귀비는 매우 영민한 사람이었으며, 사람을 잘 다루었다고 한다. 교육 사업에도 관심이 많아 진명여

순헌황귀비 엄씨
국립고궁박물관 소장

학교 외에 숙명여학교, 양정의숙을 설립하기도 했다.

한국 최초의 여성 서양화가
나혜석의 모교

1906년에 설립된 진명여학교는 1912년에 진명여자보통학교와 진명여자고등보통학교로 분리되어 새로운 시대를 맞이한다. 이즈음 진명여학교를 다닌 가장 유명한 인물은 단연 정월晶月 나혜석羅蕙錫(1896~1948)이다. 나혜석은 경기도 수원에서 태어나 1910년 수원 삼일여학교를 졸업하고, 진명여학교에 편입했다. 1913년 졸업할 때에는 진명여자고등보통학교로 이름이 바뀌었는데, 최우등으로 졸업하여 신문에 보도까지 되었다.

여고보를 졸업한 나혜석은 일본에서 유학한 오빠 나경석羅景錫(1890~1959)의 권유로 도쿄에 있는 여자미술전문학교 서양화부에 입학한다. '여자미술전문학교'는 남자들이 다니는 도쿄미술학교에 대응해서 만들어진 일본 최초의 여자미술학교였다. 나혜석이 그림을 전공하게 된 건 어려서부터 그림 재주가 있는 것을 눈여겨 본 나경석이 미술학교 입학을 권유했기 때문이다. 나혜석은 꽃이나 벌레 등을 그려 선생에게 찾아가면 늘 칭찬을 받을 정도로 학교에서 그림을 가장 잘 그렸다고 한다.

그동안 한국미술사에서 '도쿄여자미술전문학교'라고 잘못 불러온 '여자미술전문학교'는 보통 '여미전女美專'이라 줄여 불렸는데, 도쿄미술학교의 뛰어난 화가들이 교수로 나와 수준 높은 미술 수업을 들을 수가 있었다. 나혜석 이후 백남순白南舜(1904~1994), 정온녀鄭溫女(1920~?), 박래현朴崍賢

(1920~1976), 천경자千鏡子(1924~2015) 등 뛰어난 후배들이 이 학교에 입학하여 훗날 한국을 대표하는 화가가 되었다.

1918년 여미전을 졸업한 나혜석은 귀국하여 숙명여학교 미술교사로 잠시 재직하다가 건강 문제로 사직하고 1921년 경성일보사 '내청각來靑閣'에서 개인 전시회를 연다. 한국 여성 최초의 미술 개인전이었다. 당시 이 전시는 천재 여류화가의 전시라 하여 장안의 화제가 되었다. 나혜석은 자신의 뛰어난 역량을 과시하기 위함이 아니라 일반인에게 미술을 보급하기 위한 개인전이라는 공익적인 포부를 밝혀 여성 활동가로서의 면모를 보여주기도 했다.

전시회가 끝나고 남편 김우영金雨英(1886~1958)이 만주국 안둥安東의 부영사가 되자, 나혜석은 남편과 함께 안둥으로 거처를 옮겨 그림을 그리고 글을 쓰며 지낸다. 그러던 중 화가로서 한계를 느끼고 몹시 힘들어 한다.

일제강점기 진명여학교의 모습

마침 1927년에 남편 김우영에게 유럽과 미국을 시찰할 기회가 생기자 함께 여행길에 올라 한국 여성 최초로 유럽 여행을 다녀온 인물이 된다. 그는 유럽 여행길에서 견문을 넓혀 자신의 미술 세계에 혁신을 가져올 정도로 많은 발전을 한다.

나혜석은 작품 제작에 욕심이 많았을 뿐만 아니라 작품 발표에도 적극적이었다. 일제 문화정치의 일환으로 조선미술전람회가 창설되자 제1회부터 참여하여 입선한다. 전람회 개최 후 사이토 마코토齋藤實(1858~1936) 총독이 구경을 왔는데, 마침 나혜석의 작품 앞에 이르렀다. 주변에서 나혜석의 작품이라고 알려주자 총독은 "나 군은 활동가라고 들었는데, 그림도 그리던가?"라 말하며 놀라워했다고 한다. 그만큼 나혜석은 이미 여성 활동가로 유명한 신여성이었다.

제2회 전람회에서는 〈봉황성鳳凰城의 남문南門〉이라는 작품으로 4등상

화실에서의 나혜석
〈신여성 도착하다〉(국립현대미술관, 2018)

을 받아 세상을 놀라게 한다. 이 또한 한국 여성으로서는 처음 있는 일이었다. 미술계에서 나혜석의 발걸음 하나하나는 모두 여성으로서는 최초가 되었다. 이후에도 1926년에는 〈천후궁天后宮〉으로 특선을 하고, 1931년 10회에서는 출품작 두 점이 모두 입선하는 등 1933년까지 꾸준히 작품을 출품하고 좋은 평가를 받았다. 이후 개인적인 사정으로 출품하지 않자 많은 전문가들이 그의 부재를 아쉬워했다.

나혜석은 1933년 '여자미술학사'라는 미술학원을 차려 후진을 양성하고자 했다. 이미 1922년 만주 안동에서 '여자야학'을 운영한 적이 있었는데 경성에 돌아와 본격적으로 화숙畵塾을 경영하고자 한 것이다. '여자미술학사'라는 이름은 자신이 유학한 모교 '여자미술전문학교' 이름에서 따

나혜석, 〈봉황성의 남문〉
《제2회 조선미술전람회도록》(1923)

왔다. 그러나 이 화숙은 제대로 운영되지 못했다. 불륜과 이혼 등 사회적 문제에 얽혀 그의 삶이 흐트러지자 곧 문을 닫고 만다.

김우영과의 이혼 후 나혜석의 삶은 급속도로 나빠지고 화가로서의 활동도 위축된다. 가족이나 친지들로부터 외면당하고, 오빠의 경제적 지원도 끊긴다. 급진적인 사상을 담은 글 발표와 개인사적 소송 등이 이어지며 사회로부터 비난과 조소를 듣고, 아이들까지 보지 못하는 고통으로 나혜석의 심신은 병들어갔다. 1935년에는 예산 수덕사修德寺에서 불공을 드리며 자신을 찾아온 학생들에게 유화를 가르치기도 했지만 정상적인 화가로서의 삶은 아니었다.

1940년에는 창씨개명을 거부했다는 이유로 조선총독부의 감시를 받게 되어 방랑생활을 하면서 몸이 점차 피폐해졌다. 1944년에는 인왕산 자락 모교 근처에 있는 청운양로원에 들어가는 등 한곳에 정착하지 못한다. 이후에도 여러 곳을 떠돌던 나혜석은 1948년 12월 원효로에 있는 시립 자제원慈濟院 병동에서 무연고자로 세상을 떠난다. 4개월 후인 1949년 3월 14일이 돼서야 무연고자 시신 공고가 나면서 신원이 밝혀져 죽음이 알려졌으니 한 시대를 풍미한 뛰어난 화가의 죽음 치고는 참으로 허망한 죽음이었다.

우리나라 최초의 '본격적인' 서양화가

문화사에서 보통 '최초'라 불리는 것들은 역사적으로 매우 중요하게 취급받고 때론 위대하다고 일컬어지기도 한다. 그러나 그렇게 만들어진 작품까지 늘 훌륭한 것은 아니다. 한국 근대 서양 화단에서도 이러한 현상은 두드러진다. 초기 화가들에 대한 고평가가 바로 그러하다.

한국 최초의 서양화가라 불리는 춘곡春谷 고희동高羲東(1886~1965)은 1909년 도쿄미술학교 양화과로 유학하여 유화를 공부했다. 이어 김관호 金觀鎬(1890~1959)가 1911년, 유방維邦 김찬영金瓚永(1889~1960)이 1912년 에 잇달아 같은 학교에 입학한다. 이들 세 사람은 도쿄미술학교에서 뛰어난 성과를 보여 장차 한국의 서양화단을 짊어질 것이라 기대받던 재목들이었다. 그러나 이들은 귀국 후 이상과 현실의 괴리라는 어려움을 극복하지 못하고 결국 서양화단을 떠나고 만다. 고희동은 처음에 시작했던 동양화로 회귀하고, 김관호는 교육에 전념했으며, 김찬영은 문학하는 사람들과 어울리다가 문화재 수집에 열을 올린다. 서양화를 한국에 들여온 초기의 공적은 크지만 평생 서양화가로서 살지 못한 부분은 아쉬움으로 남는다.

이들과 비교하면 나혜석의 삶은 두드러진다. 나혜석은 비슷한 시기에 도쿄의 여자미술전문학교를 졸업하고 돌아온 후 한평생 거의 서양화를 손에서 놓지 않고 살았다. 학교 교사를 하면서도 그림을 그렸고, 남편을 따라 유럽과 미국을 돌아다닐 때에도 그림을 그렸고, 세상을 등지고 산중에 있을 때에도 그림을 그렸다. 그는 천생 화가였다.

당시는 여성이 사회적 활동을 하기 어려운 시절이었다. 그러나 나혜석은 한 치의 물러섬도 없이 세상과 맞서며 여성으로서의 주체적 의지를 관철시키고자 했다. 이러한 성격이 그를 세상에서 고립시키는 결과를 낳았지만, 그럼에도 그는 멈추지 않았다. 세상이 외면할 때 그를 지켜준 것은 그림이었다. 여러 역경이 닥칠 때에도 그는 항상 붓을 놓지 않고 그림을 그렸다. 나혜석은 남성 위주의 사회에서 어떤 남성들보다 더 그림을 사랑한 화가였다. 그러한 까닭에 필자는 나혜석을 '한국 최초의 본격적인 서양화가'라 불러도 좋다고 생각한다.

현재 전하는 나혜석의 작품은 그리 많지 않다. 평생 많은 그림을 그렸으나 1933년경 화실에 불이 나 그림 대부분이 타버린 탓이 크다. 그나마 전하는 작품도 그가 조선미술전람회 등에 출품했던 작품들의 도판과 비교해 보면 수준이 현저하게 떨어진다. 그럼에도 대표작을 꼽으라면, 〈화령전 작약〉 등 우수한 작품이 몇 있지만 필자는 1933년에 그린 〈선죽교〉를 꼽고 싶다.

〈선죽교〉는 개성에 있는 유서 깊은 선죽교善竹橋를 그린 것이다. 선죽교는 정몽주鄭夢周(1337~1392)가 비운의 죽음을 맞은 고려 왕조에 대한 한이 서려 있는 곳이다. 4호 크기의 송판에 유채로 그렸다. 필치가 강건하고

나혜석, 〈선죽교〉(1933)

개인 소장

구성이 야무지다. 여리고 조밀한 흔적이 조금도 없다. 얼핏 보면 붉은 색조의 갈색과 흙빛이 일제가 추구한 '향토색'의 전형인 듯하지만, 그보다는 고려의 명맥을 이으려다 죽음을 맞은 정몽주의 핏빛 어린 기상이 담겨 무게감을 더하는 느낌이다.

세상과 불화한
급진적 여성 운동가

　　　　　　나혜석은 미술을 주로 배웠지만, 그 외에 문학 분야에도 재능을 보이고 당시 새로운 사조로 관심을 끈 여성운동에도 많은 관심을 가졌다. 그는 자유연애에 깊이 빠졌는데, 유학시절 '최소월崔素月'이라 불리던 감성적인 문학청년 최승구崔承九(1892~1917)와의 사랑은 유학생들 사이에서 커다란 화제였다. 그러나 최승구는 1917년 26살의 이른 나이에 폐결핵으로 세상을 떠난다.

　상심한 나혜석은 삶의 희망을 잃는다. 그러던 차에 마침 시국사건 관련 자신의 변호를 맡은 변호사 김우영의 집요한 구애를 받았다. 나혜석은 다시는 연애를 하지 않겠다고 결심했으나 김우영의 진지함에 감복하여 그와 결혼하게 된다. 나혜석은 결혼을 승락하면서 세 가지 조건을 제시하여 세간의 화제가 된다. 지금 사랑하는 것처럼 평생 자신을 사랑할 것, 시부모 봉양과 아이들 돌보기를 요구하지 말 것, 자신의 화가 생활을 방해하지 말 것이었다.

　특히 '시부모 봉양과 아이들 돌보기를 요구하지 말라'는 두 번째 조건은 당시로서는 매우 파격적인 요구였다. 김우영에게는 전처와의 사이에 아이가 있었다. 그럼에도 김우영이 이 조건을 받아들여 결혼에 이른다. 나혜석은 이에 머물지 않고 김우영과 신혼여행을 가는 대신 김우영의 돈으로 최승구의 무덤에 비석을 세워 세간의 비난을 받기도 했다.

이러한 나혜석의 자유로운 사고는 결국 유럽 여행 중 파리에 놀러갔다가 고우古友 최린崔麟(1878~1958)을 만나면서 커다란 문제로 불거진다. 당시 최린은 '한국 최고의 신사'라 불리는 이였다. 인물도 좋고 사군자와 서예에 능했으며 예술가 기질이 강한 감성적인 사람이었다. 두 사람은 많은 나이 차이에도 만나자마자 불같은 사랑을 나눈다. 그러나 곧 각자의 위치를 깨닫고 두 사람의 사랑은 급속히 식어버린다.

이를 눈치 챈 언론의 물음에 나혜석은 최린과의 연애를 인정하지만, 최린은 그런 적이 없다며 부인한다. 당시 외유에 나섰다가 돌아온 김우영은

나혜석과 김우영의 결혼식
〈신여성 도착하다〉(국립현대미술관, 2018)

이미 소문난 나혜석의 불륜에 화가 나 간통을 빌미로 이혼을 요구하고, 결국 두 사람은 이혼한다. 이에 나혜석은 〈이혼 고백서〉를 써 최린의 태도를 비난하고 거액의 위자료를 청구한다. 경제적으로 여유가 있던 최린이 이를 수락하여 배상하자 스캔들은 막을 내린다. 그러나 최린과의 불륜으로 나혜석은 많은 것을 잃고 인생은 나락으로 떨어지고 만다.

'서촌'으로 돌아온
나혜석과 엄귀비

나혜석은 화가와 여성 운동가로서 파란만장한 인생을 살다가 결국 피폐해진 몸을 이끌고 자신이 청춘 시절을 보낸 진명여학교 근처 서촌의 요양원으로 온다. 하지만 얼마 후 원효로의 자제원에서 죽음을 맞는다. 진명여학교를 세운 순헌황귀비 엄씨 또한 나혜석과 비슷하게 사후에 진명여학교가 있는 이곳으로 돌아오는 길을 걷는다.

궁정동에서 창의문 길을 넘어가다보면 청와대 왼쪽에 조그만 궁궐 같은 곳이 있다. 바로 '칠궁七宮'이다. 칠궁은 조선시대 역대 왕이나 왕으로 추존된 이들을 낳은 생모이면서 왕비가 아니었던 일곱 후궁의 신위를 모신 묘당이다. 조선시대에는 이곳을 '육상궁毓祥宮'이라 불렀다. 육상궁은 영조가 자신의 친모이자 숙종의 후궁이었던 숙빈淑嬪 최씨崔氏(1670~1718)를 위해 세운 사당이었다. 1908년 저경궁儲慶宮, 대빈궁大嬪宮, 연우궁延祐宮, 선희궁宣禧宮, 경우궁景祐宮이 육상궁 경내에 합사됨으로써 육궁六宮이 되었다가 1929년 덕안궁德安宮이 다시 이곳으로 옮겨와 '칠궁'이되었다. 이 중에 마지막으로 온 덕안궁이 고종의 후궁으로 영친왕의 생모

엄귀비의 신주를 모신 묘당이다.

1906년 진명여학교를 세우고 1911년 세상을 떠난 엄귀비는 1929년 신주이긴 하지만 칠궁에 합사合祀되어 자신이 세운 학교가 바라보이는 곳으로 돌아올 수 있었다. 행여 나혜석이 말년에 병든 몸을 이끌고 청운동으로 찾아온 것도 같은 이유일까? 너무도 파란만장한 삶을 산 인물들이라 어떤 인연이 있었던 것은 아닐까 문득 궁금해진다.

칠궁 중 엄귀비의 신주를 모신 덕안궁

서촌을 대표하는
동양화단의 거목 이한복

진명여고보 미술교사,
효자동 이한복

한국 근대 동양화단을 대표하는 10대가 중 한 명인 무호無號 이한복李漢福(1897~1944)은 보통 '진명여고보 이한복'으로 불렸다. 일제강점기는 화가가 안정된 직장을 갖기 매우 어려웠던 시절이었다. 그럼에도 이한복은 경복궁 옆 창성동에 있던 진명여자고등보통학교(이하 진명여고보)의 미술 선생으로 재직하고 있었다. '진명여고보 이한복'이 그의 별명처럼 회자된 이유다.

당시 경성 소재 학교의 미술교사는 대부분 도쿄미술학교 출신 일본인들이 맡았다. 이한복도 도쿄미술학교 일본화과 출신이라 한국인임에도 진명여고보에 재직할 수 있었다. 그는 직장에서 멀지 않은 칠궁 앞에 살았다.

실제 주소는 궁정동 40번지였으나 사람들은 '효자동 이한복'으로도 불렀다. 당시 그는 명성이 높아 서촌 지역의 상징적인 인물 대접을 받았다.

일제강점기 서촌을 대표하는 동양화가라면 대개 누하동에 살던 청전靑田 이상범李象範(1897~1972)을 꼽곤 했다. 이한복과 이상범은 안중식이 이끌던 서화미술회書畫美術會 동문으로 1년 선후배 사이였으나 동갑이라 친구처럼 편하게 지냈다. 더욱이 효자동과 누하동은 지척이라 서로 오가며 가까이 지낼 수 있었다.

안중식과 조석진趙錫晉(1853~1920)이 세상을 떠나자 화단은 김은호金殷鎬(1892~1979)와 이상범이 양분하는 분위기였다. 많은 화가 지망생들이 이 두 사람을 중심으로 움직였다. 그러나 이한복은 이들과는 다른 방식으로 미술 활동을 했다. 그는 교사로 봉직하며 주로 서화골동 수집과 고미술 연구에 전념했다. 그의 서화 감식안은 독보적인 수준이었다. 특히 추사秋史 김정희金正喜(1786~1856) 작품에 대한 품평은 당대 최고로 꼽힐 정도였다.

일본에 유학한
한국 최초의 동양화가

이한복은 한국 근대미술사에서 매우 특별한 지점에 있는 인물이다. 그는 1912년 동양화 전공자로는 처음으로 도쿄미술학교로 유학을 떠난 한국인이다. 서양화가의 경우 그에 앞서 1909년 춘곡 고희동이 있지만 동양화가로서는 이한복이 처음이었다. 당시 동양화가들은 조선조에서 내려오는 서화 전통이 있는데다 안중식과 조석진이라는 걸물이 있어 굳이 유학을 꿈꾸지 않을 때였다.

이한복

그러나 이한복의 생각은 달랐다. 그는 서화미술회에서 배운 학습에 한계를 느끼고, 새로운 미술 세계를 체험할 필요성을 느낀다. 구태의연한 도제식 미술 교육을 벗어나 근대식 미술교육을 받고 싶어 한 것이다. 이한복은 도쿄미술학교에서 가와이 교쿠도川合玉堂(1873~1957)와 유키 소메이結城素明(1875~1957) 등 일본화가에게서 많은 것을 배운다. 특히 그들이 일본 미술과 서구 미술을 혼합하여 만들어낸 '신남화新南畵'의 영향을 많이 받았다. 신남화는 남종화의 전통에 원근법과 같은 과학적 미술 기법과 수채화와 같은 맑은 색채 감각을 발휘한 그림이다.

이한복은 귀국하여 서화협회전에 지속적으로 참가하고, 1922년에 창설된 조선미술전람회에서는 제1회부터 8회까지 계속 출품한다. 특히 제3회 조선미술전람회에서는 동양화 부문의 〈엉컹퀴〉와 서예 부분의 〈전서 대련〉이 모두 2등상을 받는 기염을 토한다. 청년 시절 이한복은 근대적인 일본화와 서양화법에 자극 받아 현실적인 시각의 기법과 사실적이며 정감 있는 채색 표현을 즐겼다. 그래서 이 시기의 작품은 일본 화풍이 농후해 국내 화단에서 친일 화풍으로 비판받는 빌미를 제공하기도 했다.

그러나 1930년 무렵부터는 전통적 한국화 취향으로 돌아와 수묵담채의 산수화와 화조화를 온건한 필치로 그렸다. 이때 많이 그린 대표적인 소재가 금강산이다. 이들 작품은 매우 감각적이어서 새로운 표현 감각을 가진 화가로 평가받기도 했다.

1940년 오봉빈吳鳳彬(1893~?)이 운영하던 조선미술관에서는 당시 저명한 10명의 동양화가를 선정하여 '10명가 산수풍경화전'을 개최했다. 이

• 이한복, 〈엉컹퀴〉 •• 이한복, 〈전서 대련〉

《제3회 조선미술전람회도록》(1924)

이한복, 〈금강산도〉
ⓒ 간송미술문화재단

때 이한복도 함께 선정되어 지금까지도 '근대 10대 동양화가'로 불린다.
그러나 이러한 영예도 잠시, 그는 1944년 48세의 일기로 홀연히 세상을
떠난다. 그동안의 미술사 자료를 보면 이한복이 세상을 떠난 해가 1940
년으로 되어 있는 것이 많은데 이는 미술사의 오류이니 수정해야 한다.

추사 김정희에 빠져
배우다

　　　　　　　이한복은 동양화뿐만 아니라 서예로도 일가를
이뤘다. 서예는 일본 유학 중 일본의 저명한 서예가이자 청나라 오창석吳
昌碩(1844~1927)의 제자인 다구치 베이호田口米舫(1861~1930)에게 배웠다.
다구치 베이호는 조선미술전람회 심사를 위해 네 번이나 한국을 방문한

적이 있어, 이미 이한복과는 안면이 있었다. 이러한 사제관계의 인연으로 이한복은 오창석의 필체에 기반을 둔 글씨를 쓰면서 주로 전서에 전념하게 된다.

한국에 돌아온 뒤 이한복은 추사 김정희에 매료되어 추사체를 연구하는 한편 여러 잡지에 김정희의 글씨에 대한 글을 쓰기도 했다. 당시 추사 연구로 명성이 높았던 경성제국대학의 후지츠카 치카시藤塚鄰(1879~1948)와도 교분이 깊었는데, 후지츠카 치카시가 이룬 연구 성과 중 상당 부분은 이한복의 도움에 힘입은 것이었다.

이한복 주변의 이야기 중 가장 흥미로운 부분이 그의 '호號'에 관한 것이다. 그의 젊은 시절 호는 '수재壽齋'였다. 그런데 언젠가부터 '호가 없다'는 뜻의 '무호無號'로 바꿔 쓰기 시작한다. 그의 호가 어디에서 유래했는지 분명한 기록은 전하지 않는다. 필자의 생각으로는 당시 항간에 현판과 글씨로 전하는 김정희의 작품〈무호당無號堂〉을 참고하여 지은 것이

• 김정희, 〈무호당〉 •• 이한복, 〈계산무진〉

개인 소장

아닌가 한다.

이한복의 김정희에 대한 관심은 '추사광秋史狂'이라 불릴 정도로 열정적이었다. 늘 김정희의 예술 세계를 연구하고 그의 글씨를 임모하기를 즐겼다. 그의 글씨 가운데 김정희의 작품을 임모한 것이 여럿 전한다. 간송미술관이 소장한 추사의 〈계산무진谿山無盡〉을 임모한 것은 김정희의 친필이라고 해도 믿을 정도다. 이런 정도의 추사체 구현은 김정희의 예술 세계를 깊이 있게 이해해야만 가능하다.

시와 그림이 나온 효자동 집
대악루

이한복의 집은 인왕산과 백악산 사이에 있었다. 집 이름을 '대악루對岳樓'라 했는데, '백악산을 마주하고 있는 집'이라는 뜻이다. 후지츠카 치카시가 자신의 집 이름을 '북한산이 바라보이는 집'이라는 뜻의 '망한려望漢盧'라 지은 것과 매우 닮았다. 어느 날 이한복은 대악루에 앉아 한 편의 시를 지어 예서로 쓴다.

멀리 젖어 있는 푸르고 깨끗한 숲들
그려내지 못하는 산속 집은 몇 골짜기나 깊고
한 줄기 구름은 겹친 벼랑에 와서 빗겨 있네.
누구와 마주하여 가을 정서를 말해볼꼬?
遙靑濕翠澹重林 不寫山居幾曲深
一段橫雲來層岸 有人相對話秋心

가을 산의 모습을 묘사하고 있다. 집에서 쓴 것이니 백악산 아래에서 인왕산을 바라본 모습을 담은 시이리라. 겸재 정선이 청운동에서 인왕산을 바라보며 〈인왕제색도〉를 구상한 것과 비슷한 느낌이 든다. 남종화의 시조인 왕유王維(699~759)의 예술세계를 "시 속에 그림이 있고, 그림 속에 시가 있다(詩中有畵 畵中有詩)"라고 평한 소동파蘇東坡(1037~1101)의 말도 떠오른다. 김정희가 통의동에 살았던 것을 생각하면 정선과 김정희와 이한복이 서촌 지역에서 이루어낸 한국 미술사의 명장면을 보는 듯하다.

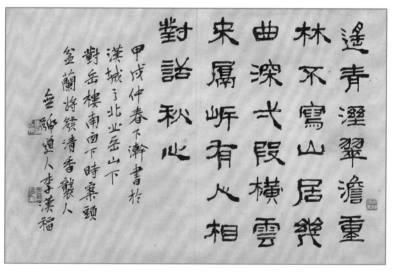

이한복, 〈칠언절구〉

조선미술전람회에서
출품작이 파손된 사건

　　　　　　　　　1925년 제4회 조선미술전람회에서는 출품작이
파손되는 일이 발생한다. 이한복의 글씨도 파손된 작품 중 하나였다. 관
객들이 보고 간 뒤에 점검해보니 글씨에 구멍이 뚫려 수선해 놓은 것이
발견되어 신문에 대서특필되었다. 마침 그 며칠 전에 조각가 김복진金復
鎭(1901~1940)의 작품 〈나체 습작裸體習作〉이 전람회 개회 전에 파손되어
문제가 되었는데 잇달아 같은 문제가 일어나 큰 논란이 된 것이다.

　김복진의 작품은 소녀의 나체를 소재로 한 조각이었는데 누군가가 고
의로 한쪽 팔을 부러뜨렸다. 작가가 다시 수리하여 전시하는 것으로 합의
해서 무마되었다. 그런데 며칠 후 또 다시 이한복이 출품한 〈난정서蘭亭
序〉 제17행의 다섯 번째 글자가 무참히 뚫린 후 다시 때워놓은 것이 발견
되었다. 실수라 할지라도 전람회에서 이 같은 문제가 반복된다면 주최 측
이 책임을 져야 한다는 의견이 끓어올랐다.

　이에 대해 당사자인 이한복은 매우 분개하여 "김복진의 일이 있자 뒤
를 이어 또 이 같은 일이 생기니, 비록 고의로 하지 않은 일이라 할지라도
같은 실수를 거듭하는 조선미술전람회 당국자의 무책임은 그대로 내버
려 둘 수 없다. 피어나는 조선의 미술계와 겨우 자리가 잡히려 하는 조선
미술전람회의 전도를 위하여서라도 당국자의 반성을 촉구할 필요가 있
다"며 주최 측을 나무랐다.

• 김복진, 〈나체 습작裸體習作〉 •• 이한복, 〈난정서蘭亭序〉

《제4회 조선미술전람회도록》(1925)

친일 미술인으로
몰기엔…

　　　　　　　　이한복은 혼란한 일제강점기에 한일 미술인의 교류를 위해 부단히 노력한 인물이다. 일본에서 오는 조선미술전람회 심사위원들과도 소통을 했으며, 한국에 거주하는 일본인 화가들과도 깊은 관계를 유지했다. 일본인들과 가깝고 일본화풍의 그림을 그렸다는 이유만으로 친일 미술인으로 생각하는 이들이 있는 것은 매우 아쉬운 일이다. 오히려 김은호나 이상범, 노수현 등이 뚜렷한 친일의 혐의에서 벗어나지 못한 것에 비해 이한복에게서는 적극적인 친일 활동의 흔적을 찾기 어렵다.

　또한 이한복은 추사 김정희를 선양하는 등 한국 전통미술을 수용하고 발전시키려 노력한 인물이었다. 그는 당시 서양화에 밀려 소외되던 동양화에 대해서도 "조선 사람으로 동양화에 사랑이 적은 것은 매우 섭섭한 일이다. 일부에서 동양화는 일본화라고 하며 꺼리는 이도 있으나, 어떠한 양식으로든지 자기네의 '국민의 혼國民魂'만 표현하면 그만이라고 믿는다. 그리고 조선미술전람회에서 성공을 할 생각을 하여야지 일본의 제국미술전람회를 넘겨다보게 되면 도리어 조선미술전람회의 전도는 낙관할 수 없다"며 조선미술전람회의 발전을 기원한 의식 있는 작가였다. 그런 면에서 이한복은 새롭게 평가될 필요가 있다.

김정희의 〈세한도〉를
되찾아온 손재형

옛것을 바탕으로
'소전체'를 만들어내다

　　　　　　한국 근대 서예를 대표하는 인물을 꼽으라면
단연 소전素荃 손재형孫在馨(1903~1981)이다. 그는 조선시대부터 내려온
전통 서예의 맥을 이었을 뿐 아니라 새로운 시대의 변화에 잘 적응하여
한국 서예가 나아갈 길을 제시한 인물이었다. 그가 개척한 새로운 양식
의 서체는 현대 한국 서예의 중심축을 이루었다. 우리가 지금 쓰고 있는
'서예書藝'라는 용어도 손재형의 제안으로 시작된 것이다. 그는 중국의
'서법書法'과 일본의 '서도書道'에 상응하는 의미로 '서예'라는 개념을 만
들었다.
　어려서부터 서예를 익혔던 손재형은 일제강점기 당대 최고의 서예가였

던 성당惺堂 김돈희金敦熙(1871~1937)에게 배워 필법의 틀을 완성한다. 당시 손재형은 서촌 끝 북악산 자락 효자동에 살면서 서촌 입구 광화문 근처 당주동에 있던 김돈희의 서실에 나가 글씨를 배웠다. 김돈희는 중국의 유명한 서예가 황정견黃庭堅(1045~1105)의 필체를 잘 쓰기로 유명했다. 약간 길쭉하면서 비스듬한 모양의 황정견체는 당시 가장 유행하던 글씨체였다. 그의 초기 글씨에 황정견체의 영향이 짙게 배어 있던 것은 이런 이유에서다.

스승 김돈희가 1937년에 세상을 떠나자 스승을 잃은 손재형은 근처에 살던 서화가 무호 이한복의 집에 드나들며 가까이 지낸다. 그때부터 글씨에 변화가 생겨 이한복이 즐겨 쓴 청나라 서화가 오창석의 필체를 닮은 모습이 자주 나타난다. 가까이 지내던 이한복도 몇 년 안 있어 세상을 떠나자 손재형은 자신의 필체를 찾기 위해 노력하다가 마침내 '소전체素荃體'라는 독특한 필체를 창안해낸다. 이 필체는 예부터 내려오는 서체와 다른 파격적인 모습을 보여 새로운 양식으로 인정받으며 많은 추종자를

손재형

만들어낸다.

추사 김정희에
빠져 살다

　　　　　손재형은 옛것을 본받아 새로운 것을 창조하는
'법고창신法古創新'의 정신을 몸소 실천한 진정한 서예가였다. 이러한 그의
태도는 추사 김정희의 서예 정신에서 많은 영향을 받았다. 그는 김정희의
글씨를 좋아하여 늘 그처럼 되기를 원했다. 집 이름을 '추사를 존중하는
집'이라는 뜻의 '존추사실尊秋史室'이나 '완당을 숭상하는 집'이라는 의미
의 '숭완소전실崇阮紹田室'이라 지은 것도 김정희를 기리기 위해서였다.
　　그가 추사를 좋아하게 된 데에는 서예계 선배인 이한복의 영향도 컸다.
이한복은 '추사광秋史狂'이라 불릴 정도로 소문난 김정희 애호가였다. 두
사람은 몇 집 건너 가까운 효자동과 궁정동에 살았기에 자주 만나 추사의
글씨에 대해 논하곤 했다.

손재형, 〈사무사思無邪〉

손재형과 이한복 두 사람이 서예를 공부하며 김정희에게 깊이 빠진 것은 어찌 보면 운명일지도 모른다. 두 사람 모두 오랜 시간 인왕산 자락에 살며 서예를 수련했는데, 그들이 좋아한 김정희 또한 멀지 않은 인근 통의동에 살았기 때문이다. 이런 인연의 끈 덕분이었는지 두 사람 모두 자신만의 특유한 필법을 완성한다.

이한복이 48세라는 이른 나이에 세상을 떠나자 손재형은 이한복이 연구하고 수집해온 서예 연구자료와 서화골동품 대부분을 인수한다. 덕분에 이한복이 모아온 김정희의 작품과 연구 자료가 흩어지지 않게 되었다. 천만 다행이 아닐 수 없다. 이후 손재형은 더욱 서예 연구에 매진했고, 고미술 수집에도 몰두하여 당대 최고의 서예가이자 고미술 수장가가 된다.

추사 연구자
후지츠카 치카시의 배려

손재형은 조선시대의 좋은 서화 자료를 많이 소장하고 있었다. 수집품 중 널리 알려진 것은 역시 김정희의 유묵遺墨이었다. 특히 유명한 작품은 김정희 필생의 명작이라 불리는 〈세한도歲寒圖〉다. 그가 각고의 노력으로 〈세한도〉를 입수하게 된 일은 전설처럼 전해져온다.

본래 〈세한도〉는 경성제국대학 교수로 있던 후지츠카 치카시의 소장품이었다. 후지츠카는 원래 중국 청대淸代의 고증학과 경학을 연구했으나 김정희의 학문과 작품에 매료되어 그의 학문과 예술에 대해 처음으로 깊이 있게 연구한 학자다. 김정희에 대한 세간의 높은 평가는 상당 부분 그의 연구에 빚지고 있다 해도 지나치지 않다.

후지츠카는 경성뿐만 아니라 중국 베이징의 골동품 거리 유리창琉璃廠까지 드나들며 김정희와 관련된 많은 전적과 서화를 사들였다. 그 수를 헤아리기 어려울 정도였다고 한다. 본래 재산이 많은 편이던 집안도 그의 김정희 관련 자료 수집 때문에 경제적으로 어려워졌을 정도였다. 〈세한도〉 또한 그러한 노력의 결과물이었다. 〈세한도〉는 당시 재력가인 민영휘閔泳徽(1852~1935) 집안에서 소유하고 있다가 경매에 내놓았는데 후지츠카가 고가임에도 낙찰 받은 것이다. 그는 이 작품을 1944년 일본으로 돌아갈 때 가지고 간다.

후지츠카가 〈세한도〉를 비롯한 모든 추사 관련 자료들을 가지고 도쿄로 돌아갔다는 사실을 뒤늦게 안 손재형은 크게 낙심하여 급히 도쿄로 건너간다. 손재형은 추사를 공부하면서 일찍부터 안면이 있던 후지츠카의 집을 찾아 〈세한도〉를 양도할 것을 청한다. 그러나 그 또한 추사에 관해선 양

후지츠카 치카시와
아들 아키나오
과천시 추사박물관 소장

보가 되지 않는 사람이라 일은 쉽게 성사되지 않았다. 손재형은 두 달 동안 매일같이 그의 집을 찾았다. 그러자 마음이 열린 후지츠카는 아들을 불러 자신이 죽으면 〈세한도〉를 손재형에게 양도하라고 말하고 걱정하지 말고 돌아가라고 한다.

그러나 손재형은 그의 말에 따르지 않고 계속 집을 찾아 부탁했다. 석 달이 가까워지자 후지츠카는 손재형의 마음이 단순한 사심이 아님을 알고 양도를 결심한다. 그는 "그대의 나라 물건이고, 그대가 나보다 이 작품을 더 사랑하니 가져가라"는 말과 함께 돈 한 푼 받지 않고 그냥 넘겨주었다. 이렇게 전설같이 아름다운 이야기와 함께 〈세한도〉는 고국으로 돌아온다.

〈세한도〉의 제작에 얽힌 사연

김정희가 〈세한도〉를 그린 것은 1844년, 그의 나이 59세 때다. 제주도에 유배된 지 4년쯤 되니 찾아주는 사람도 거의 없고 육지 소식마저 접하기 어려워 외로움이 극에 달했다. 그런데 마침 생각지 않은 반가운 선물이 찾아온다. 제자 우선藕船 이상적李尚迪(1804~1865)이 청나라에서 구입한 책을 보내온 것이다. 추사는 매우 감동한다. 오직 권세와 이권만을 쫓는 세상의 풍조와 달리 귀양간 스승을 생각하니 고맙기 이를 데 없었다.

김정희는 제자의 호의에 대한 답으로 그림 한 폭을 그려 보낸다. 이 그림이 바로 〈세한도〉다. 〈세한도〉라는 제목은 '추운 겨울이 된 뒤에나, 소나무와 잣나무가 푸르게 남아 있음을 볼 수 있다(歲寒然後 知松柏之後凋)'는

《논어》구절에서 따온 것이다. 자신이 어려운 상황에 처해 있음에도 변하지 않는 이상적의 마음을 빗대어 표현한 것이다. 그래서인지 김정희는 제목 옆에 '우선은 보시게(藕船是賞)'라고 써 이상적에 대한 자신의 마음을 직접적으로 드러냈다. 우측 아래에는 '오랫동안 잊지 말자(長毋相忘)'는 의미의 인장을 찍어 제자에 대한 지극한 사랑을 담았다.

생각지 않은 그림을 받은 이상적도 눈물을 흘리며 감동했다. 그는 스승에게 편지를 보내 이 그림을 가지고 연경燕京에 들어가 친구들에게 제발을 받아오겠다는 뜻을 전한다. 역관이었던 이상적은 이듬해 청나라에 가 친분 있는 문인 16인의 제찬을 받아 〈세한도〉 뒤에 붙여 장황한 뒤 귀국한다. 이렇듯 사연 깊은 〈세한도〉는 이후 이상적의 제자 매은梅隱 김병선金秉善과 그의 아들 김준학金準學, 민영휘를 거쳐 후지츠카의 손에 들어간다. 그리고 다시 손재형이 찾아온다. 제주도에서 그려진 한 장의 그림이 중국·일본을 다녀오는 등 파란만장한 여정을 보낸 끝에 고국으로 귀국한 것이다.

김정희, 〈세한도〉
국립중앙박물관 소장

사연 많은 난초 그림
〈불이선란〉

손재형의 소장품 중 김정희의 작품으로 〈세한
도〉 못지않게 중요한 것이 또 하나 있다. 〈불이선란不二禪蘭〉이라 불리는
난초 그림이다. 〈불이선란〉은 작품도 우수할 뿐만 아니라 작품 제작 내력
도 흥미로워 관심을 끈다. 완성 후 소장자가 바뀌어가는 과정의 굴곡이
심해 많은 미술사 연구자들의 관심을 받는 작품이기도 하다.

이 작품에는 오랫동안 난초를 그리지 않던 김정희가 20년 만에 다시 난
초를 그린다는 재미있는 화제가 붙어 있어, 한때는 〈부작란不作蘭〉이라고
도 불렸다. 원래는 '달준達俊'이라는 어린 시동에게 그려주려 했던 것인데,
마침 집을 방문한 전각가 오규일吳圭一이 보고 좋다면서 재빨리 빼앗아 갔

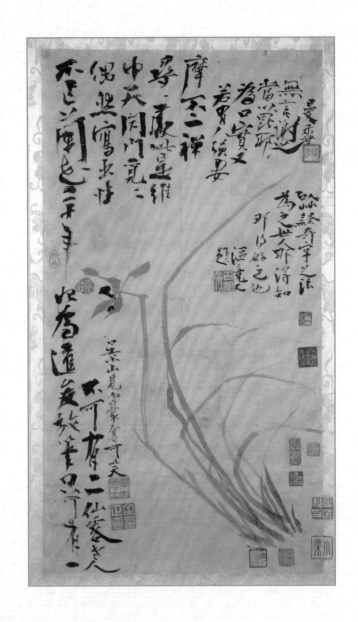

김정희, 〈불이선란〉
국립중앙박물관 소장

다는 뒷이야기까지 쓰여 있다. 이런 우스우면서도 흥미로운 내용이 작품 위에 적히며 이 작품은 명품으로서의 아우라를 만들어간다.

이렇게 특별한 배경 탓인지 〈불이선란〉은 오규일의 손에 들어간 이후 파란만장한 여정을 겪는다. 먼저 오규일과 같은 추사 문하였던 소당小棠 김석준金奭準(1831~1915)에게 넘어갔다가 다시 창랑滄浪 장택상張澤相(1893~1969)에게 넘겨진다. 정치가로 고미술품을 많이 수집했던 장택상은 이 작품을 오래 가지고 있지 못하고 얼마 후 이한복에게 넘겨준다. 그런데 이한복 또한 오래 살지 못하고 세상을 떠나자 그와 가까웠던 손재형에게 넘어간다.

오랫동안 지니고 있을 것 같던 손재형은 갑자기 정치 바람이 들어 대부분의 소장품을 처분해버린다. 〈불이선란〉도 당시 개성 부자로 명동의 유명한 사금융업자인 이근태李根泰에게 담보로 잡혔다 되찾지 못한다. 이근태도 얼마 지나지 않아 동종 업계에 있던 같은 개성 사람 손세기孫世基(1903~1983)에게 넘겨 그의 집안 소장품으로 이어오다가 다행히 현재는 국립중앙박물관에 기증되어 영원한 안식을 찾게 되었다. 그간의 내력을 알려주듯 이 작품에는 소장자의 인장이 많이 찍혀 있다. 인장들의 수준이 높아 한국 미술품 중에서 인장의 멋을 잘 살린 작품 중 하나로 꼽히기도 한다.

〈세한도〉 귀환 후일담, 그 아버지에 그 아들

〈세한도〉가 한국으로 돌아온 지 60여 년이 지난 2006년, 후지츠카 치카시의 아들 후지츠카 아키나오藤塚明直(1912~2006)는 그동안 소장해온 부친의 자료를 과천시에 무상 기증했다. 오래 전 손재형이 무작정 찾았듯, 과천시의 관계자들이 찾아가자 그는 기다렸다는 듯 아무 조건 없이 기증하기로 약속한다.

그동안 후지츠카 아키나오는 조선의 정신이 담긴 문화재라는 긍지와 사명감 때문에 부친이 모은 책과 추사 관련 자료를 하나도 팔지 않았다고 한다. 돈을 요구하기는커녕 오히려 추사 연구에 써달라고 연구비로 2,000여 만 원의 돈을 내놓기까지 했다. 후지츠카 치카시가 손재형에게 〈세한도〉를 무상으로 건넸다는 말을 충분히 이해할 만하다. 그 아버지에 그 아들이라는 말이 제격인 좋은 예이다.

근대 서양화가들의 산실
경복고등학교

일제강점기의 학교
미술 교육

　　　　　　　일제는 대한제국을 병합한 뒤 먼저 학교 교육을 장악하여 어린 학생들부터 황국신민皇國臣民으로 만들어나가기 시작한다. 많은 공립학교를 만들고 일본에서 유능한 교사들을 불러들여 식민지 교육을 강화했다. 이에 따라 중등학교의 미술 교육도 철저하게 일본식으로 재편되었다. 일제는 일본 최고의 미술학교인 도쿄미술학교 출신의 미술 전공자를 불러들여 공립 중등학교의 미술 교육을 맡겼다.

　일본인 미술 교사들은 식민지 정책을 수행하기 위해 한국에 들어왔다. 하지만 근대식 미술 교육을 전혀 받지 못했던 한국의 입장에서는 서구적인 미술 교육의 장을 여는 첫걸음이었다 할 만큼 중요한 이들이었다. 이들

미술 교사들은 대부분 학교 교육을 수행하느라 화가로서 활동할 만한 여유를 갖지 못했다. 일부 뛰어난 미술 교사들은 학생들에게 많은 영향을 끼쳐 훗날 그들이 뛰어난 화가로 성장하는 데 중요한 역할을 했다.

경성제1고등보통학교, 평양고등보통학교, 대구고등보통학교 등이 관립 중등학교로 먼저 세워졌으나, 미술로 가장 주목받은 학교는 경성제2고등보통학교(현 경복고등학교)였다. 1921년에 개교한 경성제2고보는 경성제1고보(현 경기고등학교) 다음가는 명문 학교였다. 이 학교는 훗날 한국 근대미술계를 대표하는 화가를 여럿 배출한다. 여기에는 당시 미술 교사로 있던 두 일본인 선생 야마다 신이치山田新一(1899~1991)와 사토 구니오佐藤

이건중, 1950년대 후반 경복고등학교의 모습(왼쪽 끝 가운데 큰 건물)

ⓒ 이건중

九二男(1897~1945)의 영향이 컸다.

경성제2고보 미술 교육의
틀을 잡은 야마다 신이치

　　　　　　　제2고보가 세워지고 처음으로 미술 교사로 부임한 이는 야마다 신이치다. 도쿄미술학교에서 후지시마 다케지藤島武二(1867~1943)에게 배운 촉망받는 화가였던 그는 1923년 제2고보에 부임하여 1927년까지 근무한다. 사에키 유조佐伯祐三(1898~1928), 사토 구니오, 설초雪蕉 이종우가 미술학교 동기였다.

　야마다 신이치는 경성중학교의 히요시 마모루日吉守(1885~?), 용산중학교의 토다 가즈오遠田運雄(1891~1955) 등과 함께 '조선미술협회'를 설립한다. 1924년부터는 조선미술전람회에 출품하여 제3회와 제4회 전람회에

1929년 파리에서의
야마다 신이치(오른쪽)

서 연거푸 3등상을 받는 등 뛰어난 성과를 보였다. 그는 1928, 1929년 2년간의 유럽 체재기간 등을 제외하고는 줄곧 경성에서 활동한 경성 화단의 중심인물이었다. 조선미술전람회 심사에도 참여했으며, 고희동이나 이한복 등 도쿄에서 유학한 경험이 있는 한국 화가들과 가까이 지냈다.

야마다 신이치는 화가로서 한국에서 많은 활동을 했지만 전하는 작품이 없어 솜씨를 가늠하기 어려웠다. 다행히 얼마 전 소품 한 점이 발굴되어 그의 필치를 엿볼 수 있게 되었다. 1931년에 제작된 이 작품은 함경도로 사생 여행을 떠난 그가 주을온천朱乙溫泉 지역을 그린 것이다. 송판에 가는 붓으로 바닥이 보일 정도로 얇게 그린 필치가 매우 세련되고 감각적이다. 야마다 신이치는 경성에 돌아와 당시 한국미술품을 많이 소장하고 있던 조선저축은행 두취頭取(회장) 모리 고이치森悟一(1881~1936)에게 이 작품을 선물로 준다.

야마다 신이치, 〈주을온천〉(1931)

제2고보 출신 한국인 화가
정현웅과 심형구

야마다 신이치가 미술교사로 있을 때 그에게 배운 한국인 학생 중 후에 화가가 된 인물로는 동기생이던 정현웅鄭玄雄 (1911~1976)과 심형구沈亨求(1908~1962)가 있다.

정현웅은 제2고보 재학 중이던 1927년 제6회 조선미술전람회에서 〈고성古城〉이 입선하고, 1927년 제7회 미전에서는 〈역전의 큰길〉이 잇달아 입선하여 그림 재주를 보인다. 고보를 졸업하고 도쿄에 있는 가와바타미

심형구, 〈성공회당〉(1961)

술학교川端畫學校에 다녔으나 경제 사정과 건강 문제로 6개월 만에 귀국하고 만다. 정현웅은 돌아와 그림에 전념하면서 잡지 등에 표지, 삽화, 만화를 그리는 등 정력적으로 활동한다. 1950년 6·25전쟁 시기에 남조선미술동맹 서기장이 되었고, 9월 후퇴하는 북한군과 함께 월북한다.

심형구는 고보를 졸업하고 도쿄미술학교 서양화과로 유학을 떠난다. 그는 미술학교 재학 중인 1935년 제15회 조선미술전람회에 출품하여 특선을 받고, 이듬해 졸업한다. 곧바로 제16회 조선미술전람회에도 출품하여 특별상인 총독상을 수상하고 이후 여러 번 특선을 수상하여 주목 받는다. 그 뒤 이인성李仁星(1912~1950), 김인승金仁承(1910~2001)과 함께 추천작가가 되어 일제강점기 한국을 대표하는 화가로 성장한다.

심형구의 작품 또한 전하는 것이 많지 않다. 평생 작품을 많이 그리지 않은데다, 교육 활동에 더 많은 힘을 기울였던 영향도 있을 것이다. 그런데 얼마 전 심형구가 덕수궁에서 성공회 성당을 바라보며 그린 참한 그림 한 점을 보았다. 궁궐의 문을 테두리 삼아 성당을 그린 구도가 일본 전통 미술의 구도를 차용한 듯한 모습이다. 일본 미술학교에서 공부했으니 이런 구도가 자연스럽게 나올 수 있었을 것이다.

경성제2고보의 미술을 꽃피운 사토 구니오

야마다 신이치의 뒤를 이어 미술 교사로 온 이는 그의 도쿄미술학교 동기생인 사토 구니오였다. 그는 1927년 한국에 건너와 제2고보의 미술교사를 맡는다. 그가 제2고보에 근무하는 동안 많은 한

• 사토 구니오
•• 미전을 준비하는 사토 구니오와 학생들

국인 학생들이 그의 지도를 받아 화가로서 성공을 꿈꾼다. 유영국劉永國(1916~2002), 장욱진張旭鎭(1917~1990), 임완규林完圭(1918~2003), 김창억金昌億(1920~1997), 이대원李大源(1921~2005), 권옥연權玉淵(1923~2011) 등 현대의 뛰어난 화가들이 모두 그의 제자이다.

그는 학교에서 단순히 미술교사의 역할만을 한 것이 아니라, 제자들에게 인격적으로도 영향을 끼쳐 삶을 변화시킨 특별한 존재였다. 제2고보가 미술로 이름을 떨치게 된 것은 모두 사토 구니오의 힘이었다고 해도 과언이 아니다. 그는 1928년과 1929년 조선미술전람회에 연속 출품하여 특선에 들지만, 이후에는 출품하지 않고 조선예술사, 조선창작판화협회, 조선앙데팡당전 등 재야활동에 정력적으로 참여한다.

사토 구니오는 교육 활동 외에도 화가로서 적지 않은 활동을 했다. 그럼에도 오랫동안 그의 행적이 전해지지 않았고, 한 점의 작품도 남아 있지 않았다. 몇 년 전 일본에서 유족이 나타나 그의 행적과 작품 경향에 대해 대략이나마 알 수 있게 된 것은 다행이 아닐 수 없다. 그러나 여전히 한국에는 그의 작품이 한 점도 전하지 않는다. 그가 재직한 고보 졸업 앨범에서 그의 사진과 미술반 활동을 지도하는 장면을 찾을 수 있었던 것이 그나마 행운이었다.

한국 근현대미술사를 장식한
유영국과 장욱진

사토 구니오의 영향을 받은 대표적인 화가로는 먼저 유영국과 장욱진을 꼽을 수 있다. 유영국은 제2고보에 진학하나 2

• 유영국, 〈사람〉(1957) •• 장욱진, 〈자화상〉(1951)

학년 때 사정상 학교를 그만두고 도쿄에 있는 문화학원文化學院으로 유학을 떠난다. 그는 한국 모더니즘과 추상화의 선구자로, 작품에서 선보이는 강렬한 색과 기하학적 구성은 서사적 장대함과 서정적 아름다움을 담아낸다. 그가 활동한 '신사실파'와 '모던아트협회'는 한국 근현대 미술 모임의 상징이었다. '모던아트협회' 전시회에 출품된 〈사람〉은 인체를 소재로 한 유일한 작품으로 그의 50년대 대표작이다.

장욱진 또한 사토 구니오의 영향을 받은 대표적인 화가다. 보통학교 시절부터 출중한 미술 실력을 보였던 그는 제2고보에 진학하여 미술반에서 사토 구니오를 만나 미술에 눈을 뜬다. 그때 수업을 통해 입체파와 피카소의 미술세계를 처음 접했다고 한다. 하지만 장욱진은 개인 사유로 3학년에 중퇴하고 양정고보에 편입하여 졸업한다. 그는 1939년 일본으로 건너가 도쿄에 있는 제국미술학교 서양화과에 입학하여 훗날 한국의 대표적인 화가가 된다. 두 사람 외에 임완규와 김창억 또한 제2고보를 졸업하고 제국미술학교로 유학한 재원들이었다.

사토 구니오가 인생을 바꾼
이대원과 권옥연

이대원은 미술을 좋아했으나 집안의 반대로 미술학교에 진학하지 못하고 경성제국대학 법문학부를 졸업한다. 그러나 법조인이 되지 않고 평생 화가로 활동한다. 그를 화가로 살도록 한 이가 바로 사토 구니오이다. 그는 보통학교부터 중등학교 시절까지 여러 차례 학생미전에서 수상하고 1938년부터 40년까지 조선미술전람회에 연속 입선했을 정도로 화가로서 자격이 충분한 인물이었다. 그는 초기에는 한국의 풍경을 단순한 필법과 구성으로 소박하게 재구성했고, 1980년대 이후에는 자연과 생명에 대한 찬미를 찬란하게 빛나는 색채로 표현했다.

권옥연은 함경남도 함흥의 부잣집에서 태어나 어려서부터 좋은 미술품을 볼 기회가 많았다. 이러한 경험에 제2고보에서 사토 구니오와의 만남이 더해져 그는 평생 미술에 전념하게 된다. 고보 졸업 후 일본으로 유학을 떠나 1944년 제국미술학교를 졸업하고, 1950년대 당시로서는 드물게 파리 유학을 통해 앵포르멜 등 유럽 미술의 최신 경향을 직접 체험한다. 이를 통해 그는 개성적인 추상 양식을 구축한다.

삶은 뜬구름

이대원, 〈온정리 풍경〉(1941)
삼성미술관 리움 소장

같아라

　　　　　　　권옥연 선생은 생전에 필자와 잊지 못할 작은 인연이 있다. 선생이 세상을 떠나기 전 몇 년 동안, 가끔 만나 이야기를 나눌 기회가 있었다. 주로 일제강점기 도쿄에 있는 제국미술학교를 다닐 때와 파리 시절 경험을 주로 말씀하셨다. 일본인 스승인 긴바라 세이코金原省吾(1888~1958)와 당대 최고의 스타였던 레오나르도 후지타藤田嗣治(1886~1968) 등 일본 화가에 얽힌 이야기를 특히 많이 하셨다. 귀찮은 질문에도 싫은 내색 없이 재미있는 일화를 많이 들려주셨다.

　한번은 당신의 젊은 시절 이야기를 많이 알고 있는 후배와의 대화가 즐거우셨는지 술 한 잔 하자고 하셨다. 그러시면서 "내가 요즘 술을 한 잔도 안 하는데, 자네를 만나니 한 잔만이라도 하고 싶네"라 말씀하실 때에는 반가운 마음이 들었다. 그날 선생은 결국 소주 두 잔을 드셨다. 추사 김정희의 글씨 이야기 끝에 A4 용지에 몽당붓으로 '부운浮雲'이라 쓰고, 그 옆에 잔글씨로 '인생은 한 조각 뜬구름 같구나!(人生如一片浮雲)'라 적어 주셨다. 그 얼마 후 선생은 홀연히 세상을 떠나셨다. 마음 한구석에 휑하니 쓸쓸한 바람이 불어왔다.

　선생이 가시고 바로 얼마 후, 또 하나의 인연이 생겼다. 선생의 특별한 그림 한 점이 내 집에 걸리게 된 것이다. 선생이 법정法頂(1932~2010) 스님을 위해 도록 안쪽 종이에 그림을 그리고 서명을 한 작품이다. 법정 스님도 떠나고 선생도 떠나니, 인연처럼 이 작품이 내 손에 들어왔다. 법정 스님은 권옥연 선생뿐만 아니라 필자가 존경하여 가까이 모셨던 화가 백영수白榮洙(1922~2018) 선생과도 친분이 깊었다. 또한 백영수, 권옥연 두 분은 동년배에 파리에서도 오랜 친분을 쌓은 친구였다. 세 분은 그렇게

1

● 권옥연, 〈부운浮雲〉 ●● 권옥연, 〈법정 스님에게〉(2001)

가까운 사이였다.

 이 그림을 보고 있노라면 권옥연, 백영수, 법정 세 분의 우정이 떠올라 흐뭇해진다. 본격적인 작품이 아닌 소략한 소묘지만 정겨운 그림이다. 글씨가 그림에 비해 지나치게 커 아쉽긴 하나, 김정희의 영향을 받은 듯한 특유의 글씨로 거침없이 써내려간 글씨에서 선생의 성격과 예술적 향취가 그대로 풍겨난다. 역시 예술은 세련된 기교가 아니라 삶의 향기가 묻어나는 격조가 가장 중요한 덕목이다.

표지화에도 능했던 '팔방미인' 정현웅

백석의 시를 빛낸 정현웅의 그림

겨울에 눈이 소복이 쌓이면 감성이 예민한 사람들은 시인 백석白石(1912~1996)의 시 〈나와 나타샤와 흰 당나귀〉를 떠올린다. 그의 아름답고 낭만적인 시어들은 한 편의 영화처럼 눈앞에 펼쳐지기도 하고, 한 폭의 그림처럼 애틋하게 가슴에 묻히기도 한다.

가난한 내가
아름다운 나타샤를 사랑해서
오늘 밤은 푹푹 눈이 나린다
나타샤를 사랑은 하고

눈은 푹푹 날리고

나는 혼자 쓸쓸히 앉어 소주를 마신다

소주를 마시며 생각한다

나타샤와 나는

눈이 푹푹 쌓이는 밤 흰 당나귀 타고

산골로 가자 출출이 우는 깊은 산골로 가 마가리에 살자

눈은 푹푹 나리고

나는 나타샤를 생각하고

나타샤가 아니 올 리 없다

언제 벌써 내 속에 고조곤히 와 이야기한다

백석의 시와 정현웅의 삽화
〈미술이 문학을 만났을 때〉(국립현대미술관, 2021)

산골로 가는 것은 세상한테 지는 것이 아니다
세상 같은 건 더러워 버리는 것이다

눈은 푹푹 나리고
아름다운 나타샤는 나를 사랑하고
어데서 흰 당나귀도 오늘 밤이 좋아서 응앙응앙 울을 것이다

백석의 이 아름다운 시는 1938년《여성》이라는 잡지에 실린 것이다. 잡지에는 활자 밑으로 아련한 서정이 담긴 삽화가 깔려 있었다. 검은색 선묘線描로 이국적인 여인의 옆모습이 그려져 있고, 여인의 앞으로 주황색 색조에 둘러싸인 당나귀 한 마리가 고독한 표정으로 걷고 있다. 여인과 당나귀 모두 외로움에 사무친 존재처럼 보인다.

감각적인 삽화 덕분에 시의 정서가 이미지로 형상화된다. "시 속에 그림 있고, 그림 속에 시가 있다"라는 옛사람 말이 떠오른다. 이 삽화를 그린 이가 바로 한국 근대미술가 가운데 다재다능하기로 손꼽히는 서양화가 정현웅이다. 빼어난 언어 감각을 가진 시인과 뛰어난 솜씨를 가진 화가가 만나 이루어낸 한국 근대 예술사의 명장면이다.

정현웅을
다시 생각하다

　　　　　　　　한동안 월북 화가라는 굴레에 묶여 있던 정현웅은 대표적인 근대 서양화가이다. 그의 집안은 8대를 서울에서 살아온

선비 집안이었다. 정현웅은 경복궁 옆 서촌 궁정동에서 태어나 결혼하여 분가할 때까지 살았다.

　서울 토박이로 서울 지역을 대표하는 화가였던 정현웅은 집에서 가까운 필운동 자락에 있던 매동보통학교를 졸업한 후 역시 집 근처에 있던 경성제2고등보통학교(현 경복고등학교)를 다녔다. 경성제2고보 재학할 때 일본인 미술 선생 야마다 신이치에게 배우며 화가로서의 꿈을 키운다. 고보 졸업 후에 화가에 대한 꿈을 안고 일본으로 건너가 가와바타미술학교에 들어갔다. 그런데 갑자기 집안 형편이 기울어 학비를 대주지 못하게 되었다. 정현웅 자신도 몸이 허약해 공부를 지속할 형편이 못 되어 6개월 만에 돌아오고 만다. 그러나 정현웅은 화가에 대한 꿈을 버리지 않고 혼자 힘으로 미술 공부를 계속한다.

　이때부터 그는 화가 지망생들의 등용문인 조선미술전람회에 출품하면

백암 온천으로의 신혼여행
정지석·오영식, 《틀을 돌파하는 미술》(소명출판, 2012)

서 자신만의 미술세계를 구축한다. 1927년 제6회 조선미술전람회에 출품하여 입선한 후 계속해서 1940년 19회까지 출품하여 상을 받는다. 그에게 조선미술전람회는 화가로서의 존재감을 확인할 수 있는 유일한 출구였다.

화가로서의 입지가 구축되자 그는 신문사와 잡지사 등에 취직하여 표지 장정과 삽화를 그리기 시작했다. 온화하고 섬세했던 그의 성품과 잘 어울리는 일이었다. 일제강점기에서 해방공간에 이르는 기간에 출판된 책 가운데 표지 장정을 가장 많이 그린 이가 정현웅이다.

정현웅은 해방이 되자 1945년 8월 18일 결성된 조선미술건설본부의 서기장으로서 친일 미술인 10여 명을 명단에서 제외시키는 작업의 중심 역할을 한다. 1948년에는 좌익 계열인 조선미술동맹 간부로도 활약한다. 해방공간의 혼탁한 남한 미술계에 환멸을 느끼고 있던 그는 6·25전쟁 중 남조선미술가동맹의 서기장 직책을 맡는다. 그러나 국군의 9·28수복으로 자신이 꿈꾸었던 사회주의 세상이 무산되자 가족들을 남쪽에 남겨두고 급히 월북하고 만다.

정현웅의
표지화와 삽화

정현웅의 단행본 장정 솜씨는 타의 추종을 불허했다. 당대 최고의 작가였던 이광수李光洙(1892~1950)의 베스트셀러 《사랑》, 《무정》 등에서 시작하여, 박태원朴泰遠(1909~1986)의 《천변풍경》, 채만식蔡萬植(1902~1950)의 《탁류》 등 수많은 책의 장정을 맡았다. 단행본

뿐만 아니라《문장》,《여성》,《소년》,《소학생》등 잡지 표지도 많이 그렸다. 특히《반도의 빛》이라는 잡지의 장정을 도맡아 하여 훗날 그가 친일미술인으로 몰리는 빌미가 되기도 했다.

그가 장정을 한 책이 유난히 인기가 있자 더욱 많은 표지화 청탁이 들어왔다. 정현웅이 화가로서 이름이 있었음에도 화가의 본령인 유화를 제대로 그리지 못하게 된 것도 이런 장정 그림에 매몰되었기 때문일지도 모른다. 정현웅은 어느새 장정 전문가가 된 자신의 모습에 회의를 느끼곤했다. 그는 자신이 장정했던 책을 모조리 불살라 버리고 싶다고 하거나새로 만들고 싶다고 말하곤 했다.

실제 그는 자신이 장정한 책 보관하기를 싫어했다. 어떤 책은 꼭 필요

정현웅이 그린 이광수의《사랑》장정
정지석·오영식,《틀을 돌파하는 미술》(소명출판, 2012)

1

한 한 권만 가지고 있었는데, 그마저도 표지를 검정색으로 칠해 버리기도
했다. 남의 부탁을 받고 평소에 하고 싶지 않던 일을 한 것이 수치스러워
그랬던 듯하다. 점차 장정에 대한 관심이 높아지면서 생각이 바뀌기도 했
지만 그에게 장정을 하는 일은 늘 마뜩치 않은 일이었다.

정현웅이 장정과 함께 삽화를 그리기 시작한 것은 1935년 이무영李無影
(1908~1960)의 소설 《먼동이 틀 때》의 삽화를 그리면서부터다. 마침 삽화
를 그리던 이가 병으로 입원하게 되어 대신 그리게 된 것이다. 처음 해보
는 일이었지만 평소 해보고 싶었던 일이라 정성과 열정을 쏟아부었고, 능
력을 인정받아 계속해서 수많은 삽화를 그리게 되었다. 그는 삽화 그리는
일의 어려움과 자신의 재능에 대해 늘 반성하며 삽화 그리기에 매진했다.

정현웅, 《콩쥐·팥쥐》

정지석·오영식, 《틀을 돌파하는 미술》(소명출판, 2012)

신문소설의 삽화는 바삐 그려야 하기 때문에 특히 실수가 많았다고 한다. 한번은 계절이 겨울인 줄 알고 외투 입은 모습을 그렸는데 글을 다시보니 봄이 배경이라 곤란한 적이 있었다고 한다. 또 한번은 주인공이 40대 여성인 줄 알고 그렸는데 다음 날 소설을 읽어보니 20대 여성이라 낭패한 적도 있었다. 양장 옷이려니 짐작하고 그렸는데 나중에 보니 빛깔과 맵시의 세밀한 설명까지 붙어 있는 조선 의복인 경우도 있었다. 삽화 그리기의 어려움을 잘 보여주는 일화이다.

정현웅의 만화

정현웅의 다양한 작업 가운데 근래 새로이 관심을 받는 분야가 만화이다. 그동안 만화는 순수미술의 범주에서 벗어나는 갈래로 취급되어 많은 관심을 받지 못했다. 하지만 현대 미술사에서 디자인과 응용미술에 관심이 많아지면서 만화에 대한 관심도 높아졌다.

사실 한국 근대기에 만화 작품을 남긴 이는 많지 않다. 때문에 세세한 연구가 이루어지지 못했다. 그런데 정현웅의 그림 세계를 연구하는 과정에서 여러 편의 장편만화와 잡지 등에 게재한 단편만화가 발견되어 한국 만화사를 새로 쓰게 되었다.

정현웅의 만화로는 《콩쥐·팥쥐》, 《홍길동》, 《아리바바》, 《노지심》, 《베-토-벤》, 《뀌리-부인》 등 여러 작품이 전한다. 개인의 작품으로는 많은 편이다. 지금까지 발굴된 정현웅의 만화들은 거의 온전한 형태로 전한다. 초창기 한국 현대만화의 모습을 생생하게 들여다볼 수 있는 중요한 자료다. 그동안 자료가 적어 거의 접근할 수 없었던 초창기 한국 현대만화의 본질을 살필 수 있는 좋은 발견이다. 자료가 거의 남아 있지 않은 해방 공간에 발간된 만화의 자취를 온전하게 만나볼 수 있다는 데 큰 의의가 있다.

정현웅의
유화 작품〈소녀〉

정현웅은 유화, 표지화, 삽화, 만화 등 수많은 작품을 남겼지만 거의 대부분 인쇄물이다. 인쇄물 외의 작품은 극히 드물다. 정현웅보다 관심을 받지 못하던 작가들의 작품도 적지 않게 전하는 데 비해 그의 작품이 거의 전하지 않는 것은 불가사의한 일이다. 세상과 소통

정현웅, 〈소녀〉(1928)
국립현대미술관 소장

하지 않은 것도 아니고, 작품이 한 곳에 모여 있다 소실된 것도 아니고, 작품에 서명이 없어 알아보기 어려운 것도 아닌데 전하는 작품이 너무나도 드물다. 현재 그의 작품 세계를 엿볼 수 있는 작품은 세 점 정도이다.

유화로는 젊은 여성을 그린 작품 〈소녀〉가 전한다. 한때 유족 소장으로 알려졌지만 현재는 국립현대미술관에 기증되었다. 1928년에 전통 한복을 입고 있는 여동생을 모델로 하여 그린 작품으로, 채색이 그대로 살아 있어 그의 색채 감각을 미루어 볼 수 있는 그림이다. 한복을 입고 의자에 팔을 걸고 있는 모습은 문부성전람회 등 일본의 관전에서 유행하던 구도로, 한국에도 많은 영향을 끼쳤다. 당시 일본에 유학한 서양화가들이 이런 구도의 그림을 자주 그렸으며, 조선미술전람회에 출품된 작품의 상당수도 이와 비슷했다.

기본적인 화풍의 기조는 서구 인상파의 기법을 따르고 있다. 빛에 따라 음영이 드리워진 여인의 모습을 담담하게 묘사하고 있다. 얼굴 표현의 기본 묘사가 매우 자연스럽다. 꼭 다문 입술, 발그스레한 뺨, 자연스런 눈매의 묘사가 화가 정현웅의 능력을 가늠케 한다. 남색 저고리에 하얀 동정, 붉은 색 옷고름의 한복은 식민지 시대에 사는 여인의 모습을 보여준다. 나름대로 한국적 정서가 담긴 독특한 서양화라 할 만하다.

조풍연
결혼기념 축화

〈조풍연 결혼기념 축화〉는 정현웅의 《삼사문학》 이후 오랜 동료이자 《문장》의 편집을 도맡고 있던 조풍연趙豊衍(1914

~1991)의 결혼을 기념하기 위해 김용준, 길진섭吉鎭燮(1907~1975), 김환기金煥基(1913~1974) 등 동료 화가들이 만들어준 기념화첩 속에 들어 있는 그림이다. 화첩 속 작가는 대부분 같이 활동하던 서양화가들이다. 그런데 이들 모두 동양화 형식의 수묵화를 그려준 것이 이채롭다.

이는 당시 화가들의 전반적인 풍조였다. 당시만 해도 경사스런 일에 화첩을 꾸미는 일이 자주 있었고, 이때 그리는 축하 그림은 대부분 모필毛筆로 동양화 형식의 그림을 그렸다. 아직 조선조의 전통이 남아 있는 시대였기에 가능했겠지만, 일부 일본 문화의 영향도 있었다. 당시 일본에서도 경사스런 자리에서 명사와 서화가들이 서화첩을 꾸미는 것은 흔히 있는 일이었다.

이 작품의 당사자인 조풍연은 세련된 문장의 수필을 쓴 작가였다. 수필

정현웅, 〈조풍연 결혼기념 축화〉(1941)

정지석·오영식, 《틀을 돌파하는 미술》(소명출판, 2012)

가였지만 출판 편집에 뛰어난 재능을 보여 주변에 문학가들과 서화가들이 많았다. 김용준, 이태준李泰俊(1904~?), 김환기 등 당대 최고의 예술가들이 모두 그의 벗이었다.

이 작품은 조풍연 부부의 화목과 행복을 기원하는 내용을 담았다. 평상에 앉아 있는 부부의 모습이 다정스럽다. 주변에서 뛰노는 두 아이의 활달한 모습이 평화로운 가정을 보는 듯하다. 달빛 어린 소나무 아래 즐거운 순간을 누리는 가족의 모습이 정겹기 이를 데 없다. 먹으로 그린 대상의 모습이 간결하면서도 정확하고, 엷은 담채를 사용한 화면이 단정하면서도 군더더기가 없어 좋다.

금강산을 그린
수묵화

정현웅의 〈금강산 소견〉은 금강산의 기이한 봉우리를 새로운 감각으로 그린 작품이다. 좋은 중국 종이로 만든 화첩의 면에 먹으로 봉우리와 능선을 그리고, 연한 채색을 이용하여 담담하게 금강산의 가을을 표현했다. 맑은 수채화 같은 수묵화다. 전체적으로 거칠고 두드러진 표현은 절제하고, 세밀한 감각을 잘 살렸다. 섬세한 필치가 그의 화가로서의 재주를 짐작케 한다.

이 작품은 당시 화가들 사이에 유행했던 금강산 그림의 전형을 보여준다. 화가들이 금강산을 그리는 일은 일제강점기 한국 화단에서 가장 두드러진 현상 중 하나였다. 특히 경원선 철도와 금강산 전기철도가 완성되자 일본인 화가들이 바다를 건너와 금강산을 그리는 일이 많아졌다. 일본에는 금강산처럼 바위들이 겹겹이 쌓인 듯한 산이 없다. 그래서인지 일본인 화가들은 바위로 이루어진 아름다운 금강산을 그리기 좋아했다. 이러한 흐름은 한국 화가들에게도 영향을 주어, 어느 정도 이름이 알려진 화가 가운데 금강산을 그리지 않은 이가 없을 정도로 하나의 문화현상이 되었다. 이 작품도 그러한 현상의 연장선에서 그려졌다.

근대화가 중에서 가장 많은 그림을 그렸을지도 모르는 정현웅의 남아 있는 작품이 이렇듯 적다. 그의 작업 대부분이 책의 표지화와 삽화인 이유도 있겠지만, 그가 월북 작가라는 이유로 산실된 작품도 많을 것이다. 그렇더라도 다른 이가 따르기 어려울 정도로 많은 작업을 남겼으니, 어딘가에 그의 작품이 남아 있을 가능성이 높다. 정현웅의 작품이 더 많이 발견되어 그의 작품 세계를 폭넓게 볼 수 있는 날이 오기를 기대해본다.

정현웅, 〈금강산 소견〉(1940년경)

만화가로도 이름을 떨친
동양화가 노수현

자기 자신만의
특기를 지닌 화가들

화가들마다 잘 그리는 그림이 있다. 조선 후기 화가 남계우南啓宇(1811~1888)는 나비를 잘 그려 '남나비'라 불렸고, 이후 이경승李絅承(1862~1927)은 '이나비', 정진철鄭鎭澈(1908~1967)은 '정나비', 서병건徐丙建(1850~?)은 '서나비'라 불릴 정도로 한때 나비 그림이 유행했다. 허련許鍊(1809~1892)은 모란으로 유명하여 '허모란'이라 불렸고, 장승업은 청나라 상해화파의 영향을 받은 화려한 '기명절지' 그림으로 유명했다.

김정희의 난초는 흥선대원군興宣大院君 이하응李昰應(1820~1898), 윤영기尹永基(1833~1927), 김응원金應元(1855~1921) 등으로 이어져 화맥을 형

남계우, 〈나비〉

© 고은솔

성했으며, 평양 화단의 좌장 양기훈楊基薰(1843~?)은 갈대 위에 기러기가 나는 노안도蘆雁圖를 잘 그려 황해도 이북 화단에 노안도가 크게 유행하는 데 한몫했다. 풍속도의 명인이었던 김윤보金允輔(1865~1938)와 김준근金俊根 등의 작품은 개화기 외국인들 사이에 가장 인기 있는 그림이 되었다.

근대기에는 이상범이 섬세한 감각으로 한국의 산야를 그려 자신의 미술 세계를 구축했으며, 변관식卞寬植(1899~1976)은 남성적인 필치로 그려낸 금강산이 유명했다. 김은호는 일본 색채 가득한 초상화와 미인도를 잘 그렸고, 이한복은 일본 도쿄미술학교에서 유학한 까닭에 일본 화풍이 드러나는 감각적인 그림이 특장이었다. 이용우李用雨(1902~1953)와 최우석崔禹錫(1899~1965)은 장승업에 버금가는 빠른 필치로 신선도나 고사인물도, 화조도를 그렸다. 또한 박승무朴勝武(1893~1980)는 눈 내린 풍경을 잘 그려 '설경雪景의 명수'라 불리기도 했다.

이들 외에 자신이 공부한 전공이 아닌 분야에 재주가 있어 실제 전공보다 더 유명해진 경우도 있다. 특히 근대 화가들 중에 이런 이들이 많다. 서구식 출판문화 유입으로 신규 문화가 만들어져 새로운 수요가 생겼기 때문이다. 대표적으로 서양화가 이승만李承萬(1903~1975)을 들 수 있다. 그는 일본에서 서양화를 공부했으나 신문 삽화를 그리며 유명해져 삽화의 선구자가 되었다. 정현웅 또한 서양화가였으나 책의 장정과 삽화로 이름을 떨쳐 수많은 책과 잡지의 표지와 삽화를 그렸다.

• 매국노 이완용의 추문을 은유적으로 표현한 이도영의 〈임이완용 자부상피〉
•• 노수현의 〈멍텅구리〉

《대한민보》 1909년 7월 25일 | 《신시대》 1941년 1월 1일

한국 만화의 탄생과
노수현

책의 표지나 삽화와는 또 다른 새로운 출판미술도 생겨났다. 근대기에 신문과 잡지가 만들어지며 생긴 '만화漫畫'다. 이미 일본에서는 만화가 대중들 사이에 널리 퍼져 있었지만, 한국에서는 아직 낯선 분야였다. 생소한 한국 만화를 개척한 이 또한 화가들이었다.

한국 근대기에 만화 작업을 해서 한국 만화의 시작을 알린 작가는 이도영李道榮(1884~1934)과 노수현盧壽鉉(1899~1978)이다. 일본에서는 서양화를 전공한 이들이 주로 만화를 그렸는데, 한국에서는 동양화를 전공한 이들이 주로 만화를 그리기 시작했다.

한국 최초의 만화가라 할 수 있는 이는 이도영이다. 이도영은 안중식 문하에서 공부한 뛰어난 동양화가이기도 하지만, 1909년 창간된《대한민보》에 한국인 최초로 만화를 수록했던 한국 만화의 개척자이기도 하다. 그의 만화는 한 면으로 된 만평漫評이었는데, 국운이 기울어가던 당시 일제가 들어오는 과정에서 생긴 사회의 부조리나 이에 부화뇌동하는 친일파의 사회적 활동을 우스꽝스럽게 비판하는 내용이었다.

이도영의 뒤를 이어 만화를 본격적으로 그린 이는 김동성金東成(1890~1969)과 노수현이다. 김동성은 미국에서 유학했던 언론인으로 1920년대에 4면 만화를《동아일보》에 연재하여 '이야기가 있는 만화'의 시작을 알렸다. 뒤이어 노수현이《조선일보》에 〈멍텅구리 헛물켜기〉라는 만화를 연재하여 만화 대중화의 계기를 마련했다. 특히 노수현은 이미 만화가 이전에 뛰어난 동양화가로서 큰 명성을 누리고 있었다. 그의 등장은 한국 만화 발전의 기폭제가 되었다. 그와 동문수학했던 이상범도 삽화로 이름을 날렸는데, 노수현은 삽화뿐만 아니라 만화에까지 재능을 보였다. 안중식 문하의 두 사람이 모두 출판미술에 종사하며 다재다능함을 선보인 것이다.

한편 전쟁이 한창이던 1941년, 월간지 《신시대》에 연재되던 노수현의 〈멍텅구리〉에 군국주의를 선동하는 내용이 등장한다. 이는 노수현이 친일의 오명을 덮어쓰는 빌미를 제공한다. 《신시대》는 친일파 노익형盧益亨(1884~1941)이 "일본 제국주의의 대동아공영을 이루기 위한 세기적 대전환기에 필요한 신시대의 대중 교양"을 표방해 창간한 잡지였다. 여기에 실린 만화 〈멍텅구리〉는 김은호나 김기창金基昶(1913~2001) 등 다른 화가들의 그림보다 훨씬 더 노골적이어서 문제가 되었다.

노수현 30대 모습

《한국의 회화: 심산 노수현》(예경산업사, 1979)

동양화가로서의
노수현

　　　　　만화와 삽화로 이름을 날렸지만 역시 노수현의 본령은 동양화이다. 그의 뛰어난 동양화 실력은 좋은 만화를 그리는 데에도 큰 도움이 되었다. 그는 서화미술회에서 공부하며 그림 실력을 갈고닦았다. 서화미술회 스승인 안중식과 조석진은 장승업에게 배웠으니, 노수현 또한 장승업에서 이어지는 조선 최후의 전통 화맥을 이은 화가라 할 수 있다.

　노수현은 황해도 곡산 태생으로 부모를 일찍 여의고 조부 노헌용盧憲容(1866~?)의 집에서 살았다. 일찍이 조부와 함께 서울로 올라와 옥인동에 살며 보성소학교에 다녔던 그는 소학교 때부터 미술에 두각을 나타냈다. 당시 소학교에서 실시하던 사생에 바탕을 둔 근대적 도화교육은 평생 화업畵業의 밑거름이 되었다.

　1914년 소학교 졸업 후 노수현은 수송동에 있는 보성고등보통학교에 들어간다. 고보 1학년 때 지도 제작 숙제를 하던 중 미술에 재능이 있음을 확신한 그는 조부의 허락을 받아 학교를 중퇴하고 백목다리(지금의 신문로)에 있는 서화미술회에 입학한다. 그는 이곳에서 안중식, 조석진 두 스승의 사랑을 받으며 열심히 공부하여 1918년 제4회 졸업생으로 서화미술회를 졸업한다. 동기로는 이상범과 최우석이 있었다.

　그는 서화미술회에서 이상범과 함께 안중식의 사랑을 듬뿍 받았다. 두 사람은 3년 과정의 서화미술회를 마친 후에도 청진동에 있던 안중식의 화실 경묵당耕墨堂에서 계속 공부한다. 안중식에게 의뢰되는 작품이 많아 스승이 힘에 부칠 때에는 이상범과 노수현이 대신해서 그림을 그리기도

1

했다. 안중식은 두 제자에게 자신의 아호 '심전心田'에서 한 자씩 나누어 주고 호로 만들어 쓰게 한다. 그렇게 얻은 호가 '심산心汕'과 '청전靑田'이다. 청전은 '청년 심전', 심산은 '조선의 산'이라는 뜻이었다고 한다.

화가 노수현,
본격적 활동

1919년 안중식이 세상을 떠난 후 작업에 몰두하던 노수현은 1921년 고희동의 추천으로 《동아일보》에 입사하여 신문 만화를 그린다. 사회활동을 통해 당시 한국 화단에 물밀듯이 유입된 일본 미술과 서양 미술을 접하고 많은 영향을 받는다. 그가 일본 유학을 하지 않았음에도 신남화풍新南畫風을 보였던 건 이런 이유에서다.

1921년부터는 서화협회의 전람회에 해마다 출품했으며, 1922년부터는 조선총독부가 조선미술전람회를 창설하자 출품하여 특선과 입선을 거듭, 동양화가로서의 입지를 다진다. 그러나 1932년을 끝으로 조선미술전람회에 더 이상 작품을 출품하지 않고 서화협회전에만 출품했다. 이는 갈수록 강압적으로 치닫던 일제의 식민통치에 대한 무언의 반발로 보인다.

1940년대를 힘겹게 보낸 노수현은 1945년 광복과 함께 새로운 세상을 맞는다. 서화협회전에서 주로 활동한 노수현은 일제 잔재 청산 분위기에 따라 많은 기회를 얻었다. 조선문화건설중앙협의회의 동양화부 위원장에 선임되었고, 1948년부터는 서울대학교 미술과 강사로 출강하면서 경제적인 안정도 이루었다. 이후로 그의 인생은 승승장구했다. 조선미술전람회의 뒤를 이어 새로이 창설된 대한민국미술전람회의 심사위원이 되었

노수현, 〈폭포〉

《한국의 회화: 심산 노수현》(예경산업사, 1979)

고, 서울대학교 교수를 거쳐 정년퇴직 후에는 예술원 회원으로 활동했다.

누구도 흉내낼 수 없는
산수화

노수현의 미술세계는 철저하게 산수화라는 분야에 집중되어 있다. 서화미술회에서 공부한 화가들은 대부분 여러 화목畵目에 두루 능했지만, 노수현은 화조화나 영모화, 사군자 등은 잘 그리지 않고 주로 산수화에 몰입했다. 그가 유독 산수화에 집중한 이유는 무엇이었을까. 1970년대 어느 날 서예가 김충현金忠顯(1921~2006)이 노수현에게 산수를 즐겨 그리는 이유를 물었다. 그랬더니 노수현이 "세상에 대한 울분을 푸는 데에는 산수화만 한 것이 없어"라고 답하더란다. 한때 이 '울분'은 일본을 향한 것으로 해석하기도 했다.

서화협회전이나 조선미술전람회에 출품하던 노수현의 초기 그림은 스승을 이어받으면서도 새로운 화풍을 모색하고 있었다. 처음에는 스승의 영향을 많이 받아 산의 형태나 수지법樹枝法 등에서 중국 화보畵譜를 꾸준하게 학습한 모습이 많이 나타난다. 노수현은 1923년이 되자 서화미술회 동문인 이용우·이상범·변관식 등과 함께 전통적인 화풍의 답습을 지양하기 위해 '동연사同硏社'를 조직하여 새로운 화풍을 모색했으나 오래 지속되지는 못했다.

노수현의 개성적인 화풍이 자리잡은 것은 1950년대부터 60년대로 넘어가던 시기다. 그는 다양한 방법으로 화풍을 모색하던 초기의 경험을 바탕으로 자신만의 산수화풍을 만들어낸다. 살짝 붉은 색조의 바탕에 갈색의

노수현, 〈만학천봉〉

《한국의 회화: 심산 노수현》(예경산업사, 1979)

담채로 구사된 기암괴석의 바위산과 그 위에 갈필의 먹으로 표현한 바위 주름, 초록색의 점묘로 표현된 나무들이 자아내는 전체적인 형상은 보는 이로 하여금 현실감과 함께 환상적인 흥취를 불러일으키는 장점이 있다.

독특한 형식의 노수현 산수화의 의미는 1970년대 작가 자신이 술회한 이야기에서 짐작할 수 있다. 노수현은 1974년 회고전이 끝난 이후 여러 사람들과 자주 국내 각지를 여행했다. 여행길에서 그는 우두커니 혼자 앉아 주위 산천의 경관을 살펴보는 일이 많았다. 마침 그때 동행한 한 젊은 여성이 관심을 보이자 다음과 같이 말했다고 한다.

"저 먼 데 나무들을 봐. 점처럼 보이지? 내 그림의 점화點畵를 이해할 수 있겠나."

이 몇 마디 말에서 노수현 산수화의 정갈한 화면과 독특한 점묘 표현이 인상적인 그의 화법이 어떤 의미를 지니는지 대략이나마 엿볼 수 있다.

또한 노수현은 특히 금강산이 가진 기운찬 바위의 매력에 매료되어 기이한 바위를 소재로 적극 도입했다. 그의 산수는 늘 단단한 바위와 다양한 바위산이 중심이 되었다. 거기에 부드러운 나무와 수풀의 대조, 중경과 원경 사이의 운무, 사실적이면서 환상적인 느낌을 자아내는 산수는 누구도 흉내를 낼 수 없는 개성을 보여준다. 노수현은 1974년 12월《서울신문》기자이자 평론가인 이구열과의 인터뷰에서 다음과 같이 말한다.

육산陸山, 다시 말해서 흙산보다는 바위산이 좋고, 또 내 화의畵意에 맞아. 젊었을 때 나는 전국의 명산을 다 돌아보았는데 역시 산은 금강산이야. 그보다 더 좋은 산이 없더군. 그것이 온통 바위산이야. 묘향산이 더 좋다는 사람도 있으나 나로선 그렇질 않아.

위에서 보듯 노수현의 그림 속에 등장하는 화려한 바위들로 이루어진 산야는 금강산의 모습에서 많은 영감을 받은 것으로 보인다. 일제강점기에 경원선 철도가 생겨 금강산에 비교적 사람들이 쉽게 오를 수 있게 되자 여러 화가들도 금강산을 찾아 금강산을 그렸고 이는 하나의 풍조로 자리잡았다. 노수현도 이와 호흡을 함께한 것으로 보인다.

노수현은 바위산을 중심으로 나무와 수풀을 점묘로 그리는 산수화가 주특기였지만 동양화의 유려한 필법을 바탕으로 삽화나 만화도 잘 그렸다. 삽화와 만화가 당시 노수현이 추구하는 미술의 본령은 아니었으나, 근대 삽화와 만화 발전의 선구적 역할을 했다는 데에는 이의가 없을 것이다. 그런 면에서 노수현은 일제 말기 활동으로 친일 미술인이었다는 시비가 있지만 한국 근대미술사의 일부를 구성하는 중요한 작가다.

근대기
지역 동양화단

　　　　　근대 이후 한국 동양화단은 지역마다 각각의
특색을 지니고 있었다. 뜻있는 화가들이 지역에 눌러 살며 제자들을 양성
해 각 지역의 독특한 화풍을 이룬 덕분이었다. 전국 8도 중에서 가장 특
색이 강한 곳은 서울, 평양, 광주, 대구 등 도시로 대표되는 네 지역이었
다. 이들 지역은 전통을 이어가며 서로 다른 화파를 형성하여 발전했다.

　서울은 장승업에서 안중식까지 '도화서 화원의 화풍'이 이어지던 곳으
로 일제강점기에는 서화미술회가 만들어져 한국 화단의 중심이 되었다.
평양은 장승업과 쌍벽을 이루었던 양기훈의 후예들이 중심이 되어 '평양
화풍'을 이루었다. 김규진金圭鎭(1868~1933), 김윤보 등이 대표적인 작가

였고, 평양 기생들의 사군자 그림도 꽤 유명했다.

　전라남도 광주는 동양화 본산 중 하나이다. 허백련許百鍊(1891~1977)과 허건許楗(1907~1987) 등 김정희의 제자인 허련 집안의 후예들이 화숙을 만들어 많은 제자들을 양성해 개성 있는 '남도 화풍'을 이어나갔다. 대구 또한 서병오徐丙五(1862~1935)가 중심이 되어 문인화적 요소가 강한 '석재 화풍'을 형성했다. 서동균徐東均(1902~1978), 배효원裵孝源(1898~1942) 등 이 그의 제자였다. 이런 지역의 분위기는 주변 지역에 사는 사람에게까지 퍼져나가 전국의 미술문화에 많은 영향을 주었다.

평양 화단의 중심 김규진의 〈죽순〉

이 네 지역에 비해 다른 지역들은 미술이 크게 발달하지 못했다. 그럼에도 몇몇 능력 있는 화가들은 미술의 불모지이던 지역에서 화가로서 고군분투했다. 함경도에서는 지창한池昌翰(1851~1921)이 활동했고, 황해도에서는 개성의 황씨 4형제(황종하黃宗河(1887~1952), 황성하黃成河(1891~1965), 황경하黃敬河(1895~?), 황용하黃庸河(1899~?))가 유명했다. 경남 지역엔 김해의 배전裵婰(1843~1899)과 배병민裵秉民(1875~1936) 부자가 있었으며, 강원도에선 박기정朴基正(1876~1949)이 중앙에 알려졌다. 미술 불모지 중 한 곳이던 충청도의 경우 공주 지역에는 정성원鄭成源(1881~1962), 정술원鄭述源(1885~1955) 등이 있었고, 대전에는 서화미술회 출신의 박승무가 동양화의 명맥을 이어나갔다.

동양화단의 '10대가'와 '6대가'는 편의적 호칭

한국 동양화단에는 근대 이후 '동양화 10대가'와 '동양화 6대가'라는 말이 전해져 내려오고 있다. '동양화 10대가'는 1940년 오봉빈이 운영하던 조선미술관이 개관 10주년을 기념하여 당대의 대표적인 화가 10명을 뽑아 '산수화 10대명가전'이라 이름을 붙이면서 시작된 편의적 호칭이다. 그 10명은 김은호, 허백련, 이상범, 변관식, 노수현, 박승무, 이한복, 오일영吳一英(1890~1960), 이용우, 최우석 등이다. 대부분 서화미술회 출신 화가들이며, 여기에 당시 빼어난 활약을 보이던 광주의 허백련을 추가한 정도였다. 이러한 작가 선발은 일면 이해가 되는 부분도 있지만, 화랑의 주관적 견해에 의한 것이므로 큰 의미를 부여하기

에는 어려운 점도 있다.

'산수화 10대명가전'은 반응이 좋아 대중들 사이에 '동양화 10대가'라는 명칭이 자리잡게 되었다. 30년의 세월이 흐른 후 화단에 1940년에 있었던 '10대명가전'을 그리워하는 사람들이 생겼다. 그래서 다시 당시의 대가 10명의 작품을 모아 다시 전시회를 열기로 했다.

주최 측인 서울신문사가 그때의 10명을 찾아보니 이미 네 명은 세상을 떠나고 여섯 명만 남아 있었다. 그래서 살아 있는 김은호, 허백련, 이상범, 변관식, 노수현, 박승무 여섯 명의 그림만을 모아 전시한다. 바로 1971년 신문회관에서 개최된 '동양화 여섯 분 전람회'다.

이 전시 또한 장안의 화제가 되어 이때부터 이 여섯 명의 화가를 '한국 동양화 6대가'라 부르기 시작한다. 이 '6대가'라는 말은 얼핏 굉장히 명예롭게 들리지만 예전 10대가

'산수화 10대명가전'에 출품된
이한복의 작품

와 마찬가지로 편의적인 호칭이었다. 회화적 우수성을 기반에 두고 논할 때 사용할 수 있는 적합한 용어는 아닌 것이다.

박승무의 서울 생활과
중국 유랑

'동양화 10대가'와 '동양화 6대가'에 모두 포함된 박승무는 화가로서의 입지를 순조롭게 다진 작가다. 그는 충청북도 옥천 태생으로 1901년 서당에서 한문을 배우다가 현 옥천 죽향초등학교의 전신인 창명학교彰明學校에 들어가 공부한다. 창명학교를 졸업한 후 서울

박승무
문선호 엮음,
《한국현대미술대표작가100인선집 41—박승무》
(금성출판사, 1977)

에 사는 백부의 양자로 입적하여 경복궁 옆 효자동에 살게 된다. 서울에 올라온 그는 YMCA 문학부에 진학하여 일본어를 공부한 후 미국 유학을 위해 영어반에서 영어를 배우기도 한다.

그러나 미국 유학은 어렵게 되고, 마침 조석진의 문하에서 그림을 배우던 김창환金彰桓(1895~?)을 만나 그의 영향으로 묵화를 그리기 시작한다. 그림에 몰두하는 박승무를 보고 집안에서는 반대했으나, 그림에 소질이 있다는 것을 알고부터는 화가의 길을 걷는 그를 크게 반대하지 않았다. 오히려 부친은 1913년 평소 친분이 있던 조석진과 안중식의 지도를 받도록 서화미술회에 입학시켜 주기까지 했다.

서화미술회에서 박승무는 조석진에게 전통적인 화법을 배우기 시작한다. 물론 안중식에게 배우지 않은 것은 아니지만 화조화는 주로 안중식을 따르고, 산수화는 주로 조석진에게 배웠다. 훗날 박승무가 산수화에 특출한 재능을 보이는 것도 모두 조석진의 영향이라 할 수 있다. 그는 서화미술회에서 3년 과정을 수료한 뒤에도 계속 조석진의 문하에 남아 미술 공부를 했다.

전문적인 화가로 활동하기 시작한 후 처음에는 '소하小霞'라는 호를 쓰다가 화가로서 입지를 다진 후에는 '심향心香' 또는 '심향深香'이라는 호를 사용한다. 그림 속에 사용한 호만 봐도 작품의 제작 시기를 대략 알 수 있다.

전문 화가로 활동하게 되자 박승무는 자신이 추구하는 미술세계의 기반인 중국 문화를 가까이 접하고 전통 화법을 깊이 연구하기 위해 1917년 중국 상해로 건너간다. 이곳에서 3년간 머물면서 중국의 전통 미술세계를 배운다. 상해에 와 있던 독립운동가들과 사귀어 일본 경찰로부터 따가운 눈총을 받기도 한다. 결국 일본 경찰과의 갈등으로 3년간의 상해 생활을 마치고 1919년 귀국한다. 이후에는 한동안 고향인 충북 옥천에서 지낸다.

조선미술전람회 등
화가로서의 활동

　　　　　　　　1922년이 되어서야 박승무는 서울로 올라와 제
2회 서화협회전에 회원으로 참가한다. 1923년에는 조선총독부에서 주최
한 제2회 조선미술전람회에 〈흐린 달밤〉이라는 산수화를 출품하기도 한
다. 그러나 작가로서 활발히 활동해야 할 1923년, 상해에 있을 때 임시정
부 요인과 만났던 전력이 문제가 되어 일제의 압박이 들어온다. 그는 서
울을 떠나 간도의 용정과 연길로 가서 한동안 머물며 한인학교에서 영어
교사를 하기도 한다.

　1925년 박승무는 간도에서 서울로 돌아와 그동안 중단했던 그림을 다
시 시작한다. 1926년에는 제5회 조선미술전람회에 참가하여 산수화〈유
곡幽谷의 가을〉이라는 작품으로 입선한다. 1927년부터 1931년까지도 제
6 · 7 · 8 · 9 · 10회 조선미술전람회에 출품하여 입선한다. 1931년에는 제11
회 서화협회전에도 출품한다. 하지만 한동안 꾸준히 조선미술전람회에
출품하던 박승무는 1932년부터는 작품을 출품하지 않는다. 전람회에 환
멸을 느꼈기 때문이다.

　이때부터 박승무의 야인작가의 생활이 시작된다. 1944년 서울을 떠나
가평의 송씨 댁에서 피신 생활을 한다. 그렇게 정신적 · 육체적 고통 속에
서 하루하루 지내던 그는 1945년 신문기사를 통해 일본이 무조건 항복한
사실을 알게 된다. 그 해에 덕수궁 석조전에서 열린 '해방기념 문화축전

박승무, 〈흐린 달밤〉

《제2회 조선미술전람회도록》(1923)

미술전'에 작품을 출품한다. 광복 후 중앙 화단에서 물러나 은둔 생활을 즐기면서 작품 활동을 지속한다. 이후 다시 작품 활동이 활발해지면서 그는 서울 창덕궁 옆 원서동에 집을 마련하여 거주한다.

박승무의 대전 정착

박승무는 서울에서 태어나 중국을 거쳐 가평, 서울에서 주로 생활했지만 훗날 대전에 정착한다. 박승무를 '대전의 대표작가'라 하는 이유다. 그가 대전과 인연을 맺게 된 것은 1957년부터다. 6·25전쟁 동안 목포에서 피난 생활을 했는데 마침 목포에 갔다가 서울로 돌아오던 중 중간 기착지인 대전에 하차하면서 대전과의 인연이 시작된다.

당시에는 기차가 서울로 직행하지 않았기 때문에 중간 기착지였던 대전에서 짐을 부치고 다시 서울로 가야 했다. 여기서 목포에서 친하게 지냈던 한일은행 지점장을 우연히 만났다. 그가 갑작스레 대전에 정착하기를 권유했다. 마침 서울 생활을 정리하고 싶은 마음이 있던 박승무는 서울로 올라가는 것을 포기하고 대전에 정착하기로 마음 먹는다.

그는 1958년 서울 원서동의 집을 처분하고, 대전에 집을 마련하여 제2의 고향으로 삼는다. 이때가 그의 나이 65세였다. 늦은 나이에 맞은 객지 생활이지만 야인 기질이 강했던 박승무에게 대전 생활은 그런대로 지낼 만했다. 박승무는 대전 대흥동을 생활 근거지로 하면서 충청 지역의 대표적인 화가로 말년을 보낸다. 말 그대로 충청 화단의 어른이 되었다. 그러다 1980년 7월, 87세를 일기로 자택에서 세상을 떠났다.

비록 늦은 나이에 정착했지만 22년이라는 적지 않은 시간을 대전에서 생활했으니 박승무를 대전 지역 화가라 해도 틀린 말은 아니다. 그는 대전을 중심으로 개인전을 여는 등 꾸준히 작품 활동을 하며 대전 지역의 미술문화에 적지 않은 영향을 끼친 충청 화단의 어른이었다.

박승무의
초기 작품 경향

박승무의 초기 작업은 서화미술회에서 학습한 범주에서 크게 벗어나지 못했다. 산수화, 화조화 등 각 분야의 그림에 두루 능했지만, 스승인 안중식과 조석진의 화풍을 그대로 답습했다. 단정하고 모범적인 품성 때문인지 그림도 스승들로부터 크게 벗어나지 않았다.

박승무는 타고난 재능의 화가가 아니라 진득하게 노력하는 화가였다. 그의 화조화나 사군자는 장승업이나 안중식 등 재능을 타고난 화가들의 그림과는 달리 예리하고 세련된 맛이 적고, 담담하게 자신의 마음을 펼쳐 보이는 그림이었다. 그래서인지 그의 그림은 처음 보면 그다지 매력이 느껴지지는 않으나 오래 두고 보면 점차 정이 들어 친숙해지는 특징이 있다. 특히 산수화에서 그런 느낌이 강하다. 이러한 화풍은 재기 넘치는 안중식보다는 무디지만 진득한 조석진의 영향을 많이 받았기 때문인 듯하다.

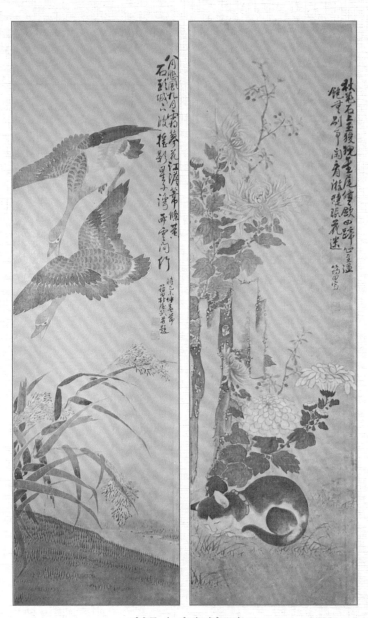

박승무, 〈노안도〉·〈영모도〉

문선호 엮음, 《한국현대미술대표작가100인선집—박승무》(금성출판사, 1977)

박승무의 특장,
설경산수

　　　　서화미술회 출신 화가들은 졸업 후 조선미술전
람회 등을 통해 당대의 대표 화가로 성장한다. 그들은 각각 자신만의 독
특한 화풍을 형성하며 입지를 확보해간다. 박승무 또한 많은 고심을 하며
자신의 화풍을 만들기 위해 노력했다. 그렇게 해서 만들어진 작품이 그의
독특한 장기인 '눈 내린 풍경을 그린 산수화'이다. 그의 설경산수는 무척
이나 인기가 높아 많은 사람들이 찾았다. 특히 1971년 6대가전 이후 이
러한 경향이 매우 강해진다. 고객들은 너나 할 것 없이 박승무의 설경산
수만을 찾았고, 그는 그러한 고객들의 요구에 맞춰 설경산수화를 수도 없
이 그렸다.

박승무, 〈설경산수〉

문선호 엮음, 《한국현대미술대표작가100인선집―박승무》(금성출판사, 1977)

설경산수화에 고정된 박승무의 전형성은 생활인으로 살아가는 데에는 보탬이 되었지만 화가로서는 오히려 독이 되고 말았다. 새로운 작품을 모색하는 동력을 잃어버린 것이다. 더욱이 대전이라는 지역에 묻혀 은둔하듯 살아 중앙 화단과의 교류도 적어 화가로서 많은 자극도 받지 못했다. 어느 순간부터 그의 화풍은 발전하지 못했다. 겨우 지역의 대표화가로서 명맥을 유지할 수 있었고, 간혹 중앙 화단의 일에 관여하는 정도가 그의 미술계 활동의 전부였다.

결국 '설경산수'라는 매너리즘에 빠진 박승무는 더 이상 새로운 모습을 창조하지 못하고 만다. 그의 그림이 정체되지 않았더라면 한국 미술사에 더 큰 획을 그었을 텐데 하는 아쉬움이 남는다. 게다가 한 지역 화단의 어른으로 살아왔음에도 많은 제자를 양성하지 못하여 화풍을 후세에 제대로 잇지 못했다.

하지만 이 같은 약점에도 불구하고 박승무는 근대 한국 동양화단의 대표적인 화가일 뿐만 아니라 충청 지역 화단의 명맥을 이어온 화가로서 적지 않은 역할을 수행했다. 박승무라는 화가를 회고할 이유가 충분한 셈이다.

수성동 밑 옥인동 주변

근대미술의 자존심
'서화협회'와 이완용

동·서양화가들이 합심한
'최초의 미술단체'

일제강점기 한국의 미술을 이야기할 때 가장 중심이 되는 전람회는 조선총독부가 설립한 '조선미술전람회'와 서화협회가 개최한 '서화협회전'을 들 수 있다. 조선미술전람회는 3·1운동 후 조선총독부가 한국인의 민심을 회유하기 위해 시행한 문화정치의 한 방편으로 1922년 생겼다. 일본 제국주의의 선전도구로 시작된 최초의 공식 관전이었다. 이 전람회를 통해 일본의 미술이 유입되었다. 또한 제국주의가 설파한 로칼리즘(향토색) 미술이 자리를 잡게 되는 결정적 계기가 되기도 했다.

유의할 점은 이 조선미술전람회 창설이 한 해 앞서 한국인들에 의해 설립된 서화협회의 활동에 자극을 받아 생긴 측면도 있다는 것이다. "한국

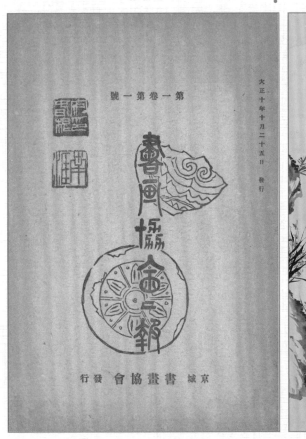

• 《서화협회회보》 제1호 •• 윤영기, 〈석란〉

김달진미술자료박물관 소장

최초의 근대미술 단체"로 불리는 서화협회는 1918년 한국의 동양화가들과 서양화가들이 모여 결성한 단체다. 서화협회는 결성한 지 3년 후인 1921년 서화협회전을 개최하여 전통화와 서양화를 함께 전시한다. 서화협회전은 한국미술의 근대화를 촉진시키며 한국 근대미술 발전에 크게 기여했다. 이러한 역할이 조선미술전람회의 출범을 자극한 것이다. 그러나 아쉽게도 서화협회는 1936년 일제의 금지령으로 해산되고 만다.

서화협회의 태동,
윤영기의 경성서화미술원

사실 서화협회의 시작은 오롯이 평양 출신 서화가 옥경산인玉磬山人 윤영기의 노력에 의해서였다. 추사 김정희와 석파石坡 이하응에게 많은 영향을 받은 서화가였던 그는 특히 난초 그림에 뛰어나 이하응의 난 그림을 대필했을 정도로 명성을 날렸다. 그는 흥선대원군의 사랑을 받은 저명한 서화가였지만, 그에 못지않게 체계적인 미술 교육 방법론을 갖춘 특출한 교육자이자 미술 운동가이기도 했다.

윤영기는 일찍이 운현궁에 드나들며 쌓은 인맥을 바탕으로 미술 교육 기관을 세우기로 결심한다. 1910년 경술국치 이후 일찍부터 친분을 쌓아 둔 왕실과 고관대작들에게 접근하여 일을 도모한다. 특히 이완용 등 일부 매국 귀족의 협조와 후원을 받아 1911년 3월에 서울 중학동에 '경성서화미술원'을 설립한다. 한국인이 창설한 최초의 근대 서화 교육기관은 서화협회의 모태가 된 이 윤영기의 '경성서화미술원'인 것이다.

이완용의
경성서화미술원 강탈

　　　　　　　윤영기의 주도로 설립된 경성서화미술원은 발족 단계에서 약간의 재정적 후원을 했던 이완용이 미술원 내부에 '서화미술회'라는 운영 조직을 만들면서 새로운 국면을 맞이하게 된다. 서화미술회의 회장이 된 이완용이 사실상 경영권을 빼앗아 윤영기는 결국 힘을 잃고 만다. 이완용은 왕실이 서화미술회의 운영 재정을 지원하게 하면서 서화를 즐기던 일부 귀족층을 회원으로 끌어들인다. 그리고 안중식과 조석진 등 당대의 대표적인 서화가들로 하여금 학생들을 모아 가르치게 한다. 이렇게 윤영기가 만든 경성서화미술원은 이완용의 손에 들어가고, 결국 안중식과 조석진의 '서화미술회'가 되는 운명을 맞는다. 윤영기로서는 참으로 억울한 일이었다.

　경성서화미술원을 이완용에게 빼앗기고 상심한 윤영기는 노구를 이끌고 고향인 평양으로 돌아가 1913년 서화교육기관 '기성서화미술회'를 만든다. 이때 이미 82세의 늙은 몸이었다. 그는 힘없는 늙은 몸으로 혼자 단체를 이끌어 갈 수 없음을 알고 김윤보, 김유탁

金有鐸(1875~1936?), 임청계任淸溪, 노원상盧元相(1871~1928), 양영진楊英鎭 등 평양 지역 서화가들을 참여시켰다. 윤영기는 주로 묵란을, 임청계와 노원상은 서법을, 김윤보와 김유탁이 산수와 묵죽을 가르쳤다. 특별히 여학생도 받았는데, 주로 격조 있는 예기藝妓를 꿈꾸는 평양 기생들이었다.

이완용

서화미술회의 발진과
서화협회의 발족

조석진과 안중식을 앞세운 서화미술회의 강습
소는 중학동에 열었는데, 곧 백목다리 근처에 있던 큰 한옥 건물로 옮긴
후 1915년에 다시 관철동으로 옮긴다. 두 집 다 친일파 이지용李址鎔(1870
~1928) 소유였다. 서화미술회는 '서과書科'와 '화과畵科' 두 과로 나누어 학
생들을 모집했다. 수업 연한은 서화 전공별로 3년이었고, 수업료는 전혀
받지 않았다. 정규학생 외에 단기 교육을 받는 학생들도 있었다.

교수진은 당시 서화계의 대가였던 조석진과 안중식을 중심으로 강진희
姜璡熙(1851~1919), 정대유丁大有(1852~1927), 김응원, 강필주姜弼周(1852~

안중식, 〈탑원도소회도〉

ⓒ 간송미술문화재단

1932), 이도영 등이었다. 이들의 교육 방법은 '고법古法'을 전수하는 것이었다. 선생들이 여러 체본을 그려주면 학생들은 그것을 일일이 임모하거나 중국 화보인 《개자원화보芥子園畵譜》를 따라 그리는 방식이었다. 이따금 실물 사생을 했으나 많지는 않았고, 주로 옛 화법에 따라 기초 훈련을 쌓는 데 중점을 두었다.

서화미술회 출신의 대표적 화가로는 제1기생으로 오일영, 이용우, 제2기생으로 김은호, 제3기생으로 박승무, 제4기생으로 이상범, 노수현, 최우석 등을 들 수 있다. 이들은 1920년 이후 한국 근대 동양화단을 대표하는 화가가 되었다.

서화미술회는 더욱 발전하여 1918년 서화협회를 결성한다. 서화협회는 안중식·조석진의 서화미술회가 1915년에 설립한 김규진의 서화연구회를 규합하여 설립한 단체다. 한국 미술계의 주체적 근대화와 활성화를 위해 미술 단체의 필요성을 절감했던 고희동이 결성을 주도했다. 당시는 일본인 서양화가들이 건너와 조선미술협회를 조직하고 미술계를 장악하려는 움직임을 보이던 때였다. 이러한 상황 때문에 한국의 주체적인 미술단체라는 점을 강조하기 위해 단체 이름에서 미술이라는 단어를 뺐다고 한다. 이런 측면에서 보면 서화협회는 한국 최초의 근대적인 미술단체라 할 수 있다.

서화미술회, 서화협회 회원들의 거주 공간 서촌

서화미술회가 있던 백목다리 근처는 신문로, 곧 지금의 조선일보사 뒤 어디쯤 되는 곳이었다. 당시 서촌에서 흘러내린 옥류동천이 내려가는 곳 근처에 백목다리가 있었던 모양이다. 그곳에 있던 안중식과 조석진에게 많은 제자들이 모여들었다. 서화미술회의 글씨 선생이었던 성당 김돈희는 지금의 세종문화회관 뒤 당주동에 자신의 서실을 차리고 있었다. 서화미술회의 졸업생이자 서화협회 회원인 서화가들은 주로 서촌 지역에 살았다. 서화미술회 회장으로 있던 이완용도 옥인동 19번지의 대저택에 살았다. 서화미술회 회원들은 종종 이완용의 집에 가서 그림을 그리곤 했다.

이당 김은호가 자신의 삶을 정리한 회고록《서화백년》에는 이완용과 서화미술회와의 관계를 술회한 대목이 나온다. 당시 서화미술회에 출입하던 김은호가 곁에서 지켜보며 겪었던 일을 기록한 것으로 마치 지금의 현실처럼 생생하다.

서화미술회는 1911년 3월 22일에 문을 열었다. 1910년 한일합방으로 인심이 흉흉하던 터라 일제는 소위 문화정책을 내세워 이왕직과 손잡고 서화미술회를 만들었던 것이다. 조선총독부는 합방에 공이 컸던 일당 이완용을 교장 격인 회장 자리에 앉혀 놓았다. 일당은 매국노 소리를 듣던 때라 어디 가나 반기는 사람이 별로 없었다. 그는 글씨도 잘 쓸 뿐 아니라 그림에도 취미가 있어 서화미술회에 나온 것이다. 한마디로 취미도 살리고 말벗도 찾자는 의도였다. 총독부는 총독부대로 그를 내세워 서화에 취미가 있는 선비, 소위 문화계 인사를 포섭하자는 내심도 있었다고 생각된다. 일당은 일주일에 한두 번씩 서회미술회에 나와 앉아 있다 가곤 했다. 단아한 체구였지만 다부지게 생겼었다. 어떻게 보면 눈이 부리부리한 게 독하게도 보였다. 나와 무호 이한복, 정재 오일영, 농천 이병희 등은 한동안 효자동의 일당—쑬 집에 다니면서 붓글씨를 배웠다. 그는 우리들을 말동무로 불러들였다. 일당은 당시 귀족들 중에서는 가장 붓글씨를 잘 썼다. 그러나 일본 서도전람회 미술전에 출품했지만 입선도 못했다. 성당 김돈희, 해강 김규진, 석정 안종원과 함께 냈는데 성당과 해강만 입선했던 것이다.

이상의 기록은 일당 이완용이 노년에 맞았던 삶의 편린을 잘 보여준다. 이완용의 집은 서양식으로 지은 대형 2층집이었는데 호화롭기로 유명했다. 지금도 그의 집이었던 것으로 추정되는 건물이 그 자리에 있는데 외형만 약간 손질했을 뿐 골격은 그대로 유지하고 있다. 근처가 모두 그의 집터였지만 이제는 그 저택만 남고 주변 필지는 모두 분양되어 옛 모습을 잃었다. 그러나 그가 살던 집은 여전히 위용을 뽐내고 있어 당대 그가 가졌던 위세를 짐작케 한다.

이완용의 뛰어난
글씨 솜씨

이완용은 나라를 팔아먹은 매국노라 불리지만 글씨 하나만은 기가 막히게 잘 썼다. 재능이 뛰어난 서화미술회 학생들이

이완용, 〈천하태평춘〉

배우러 다닐 정도였다. 현재 전하는 이완용의 글씨를 보면 어느 하나 허튼 것이 없다. 천부적인 재능이 있는 재주꾼의 글씨다. 기교가 승해 독창적인 예술 작품으로서 품격이 높다고 할 수는 없으나 솜씨는 분명 빼어나다.

그의 글씨는 붓놀림이 재빠르고, 세련된 맛이 있고, 글자 간의 크기 차이도 자유롭다. 크고 작은 글씨를 조화롭게 활용하고 굵은 선과 가는 선을 넘나들며 자유로운 리듬을 만들어낸다. 진득한 글씨를 쓴다기보다는 뛰어난 기교를 지닌 빼어난 테크니션이다. 어떤 글씨는 무척이나 예뻐 애교가 느껴질 정도이고, 획을 길게 빼어 쓴 글자의 마지막 획은 능청맞은 성격을 짐작케 하기도 한다. 특히 자유로운 구성을 바탕으로 쓴 큰 글씨가 그럭저럭 좋으며, 간찰 등에서 보이는 잔글씨도 나쁘지 않은 평가를 받는다.

서화미술회의 흔적을 보여주는
병풍 한 틀

어느 날 뜻밖에 참으로 보기 드문 병풍을 만나게 되었다. 소림 조석진이 그린 산수화에 이완용이 화제를 쓴 〈산수화 10폭 병풍〉이다. 1910년대에 그린 것으로 추정되는 이 병풍에는 조석진이 정성스럽게 그림을 그리고, 이완용이 각 폭 모두에 특유의 필체로 화제를 썼다. 이완용이 남의 그림에 화제를 쓴 것은 그리 흔치 않다. 당시 대한제국의 총리대신을 역임했던 명사인 데다가 한일병합조약에 도장을 찍고 일본의 백작 작위를 받아 지탄의 대상이 되어 있던 터라 남과 자유로이 어울리지 못한 탓이 크다.

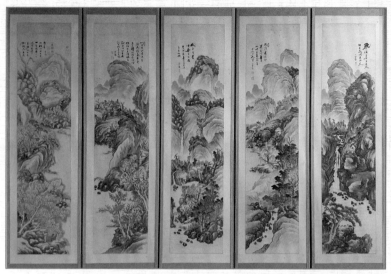

• 조석진 그림·이완용 화제, 〈산수화 10폭 병풍〉 중 5폭
•• 조석진의 산수, 이완용이 화제를 쓴 부분

이 두 사람은 서화미술회를 매개로 합작할 수 있었다. 이완용은 서화미술회의 회장을 역임하고 서화협회의 고문도 맡았다. 이때 화가들과 자연스럽게 어울리게 되었다. 조석진은 서화미술회의 화과 선생으로 안중식과 함께 좌장 역할을 수행하고 있었다. 이런 상황에서 두 사람은 자연스럽게 같이 작업하게 된 듯하다. 전형적인 중국풍의 그림을 치밀하게 그리던 조석진은 상대가 이완용임을 의식했는지 성의를 다하여 산수 10폭을 화려하게 수놓았다. 이완용은 각 폭 모두에 한시 한 편씩을 적는다.

사실 이 작품에서 두 사람의 합작이 예술적으로 큰 성과를 거뒀다고 말하기는 어렵다. 조석진은 본래 자신이 추구하는 양식에 비해 훨씬 여리면서도 아름답게 산수풍경을 그렸다. 평상시의 과감한 필선에 비하면 다소 얌전하고 여성적이다. 이완용 또한 극단적으로 다듬은 행초서를 썼다. 조석진의 화려한 그림에 맞추어 다양한 기교를 발휘하고 있다.

그러나 두 사람의 그림과 글씨가 서로 잘 어우러지지는 않는다. 조석진의 그림이 그답지 않게 복잡하고 화려한 데다 이완용의 글씨 또한 기교로 그림을 장식하고 있기 때문이다. 복잡한 구성의 그림에 비해 글씨가 너무 작을 뿐 아니라 글자의 조형도 한데 녹아들지 않는다. 화제의 자리 배치도 적절하지 않다. 그림에 어울리지 않게 자리 배치를 한 이완용의 무성의가 눈에 거슬린다. 역시 거장 두 사람이 모여 하나의 작품을 만들 때는 서로 간의 배려가 중요하다는 것을 새삼 느끼게 한다.

한양의 아방궁 '벽수산장'과 '박노수 가옥'

국립박물관 최초의 사진기사 이건중

       35년의 일제강점기를 보내고 해방이 되자 한국은 모든 부문에서 큰 혼란에 빠져들었다. 일본의 지배 아래 한국인 전문가가 거의 양성되지 못했기에 각 분야를 이어받을 전문가가 매우 부족했다. 미술계도 예외는 아니었다. 일본인 직원들에게서 인수받은 박물관도 운영하는 데 상당한 곡절을 겪었다.

  오늘의 국립중앙박물관인 '국립박물관國立博物館'은 독일 뮌헨대학교에서 공부한 여당黎堂 김재원金載元(1909~1990)이 조선총독부박물관을 접수하며 탄생한다. 이후 김재원은 1970년까지 25년간 박물관장을 역임하며 현 국립중앙박물관의 주춧돌을 놓는 중요한 역할을 한다.

초대 국립박물관장이 된 김재원은 박물관의 기록이 될 사진을 담당할 사진작가를 물색했지만 마땅한 사람을 찾기 어려웠다. 그래서 마침 만주 지역에서 활동하다 서울로 내려온 정관正觀 이건중李健中(1916~1979)을 초빙한다. 이건중은 해방 후 국립박물관이 처음으로 채용한 유물 담당 사진기사인 셈이다. 그는 국립박물관의 많은 유물들을 찍어 자료로 남긴다. 유적 발굴 사진도 담당했는데, 1946년에 있었던 경주 '호우총壺杅塚' 발굴 사진이 대표적이다. 고구려 광개토태왕廣開土太王의 이름이 새겨진 호우(그릇)가 나와 이름 붙여진 호우총의 발굴은 광복 직후 한국인이 주도한 최초의 유적 발굴조사였다. 그는 1947년에 이홍직李弘稙(1909~1970), 김원룡金元龍(1922~1993)이 개성 법당방法堂坊에서 십이지신상이 그려진 고려시대 벽화고분을 발굴했을 때에도 참가하여 사진을 찍었다.

1948년에 박물관을 그만둔 이건중은 사진작가로 본격적인 활동을 시작한다. 주로 사물이나 풍경을 대상으로 찍은 즉물적인 것들이었다. 풍

이건중, 〈인왕산에서 본 서울〉(1950년대 후반)

ⓒ 이건중

경 사진의 대부분은 도시나 유적지였는데, 박물관에서 활동한 경험 때문인 것으로 보인다. 그중 유독 눈길을 끄는 사진은 1950~60년대 서울 풍경들로, 50여 년이 지난 지금은 사료史料로서의 가치까지 지니고 있다. 특히 인왕산에서 서울을 내려다보며 찍은 사진이 인상적이다. 서촌 일대를 오롯이 담고 있어 당시 서촌의 모습을 연구하는 데 매우 유용하다.

'한양의 아방궁'이라 불리던 윤덕영의 벽수산장

이건중의 서울 사진은 인왕산 중턱에서 경복궁과 남산을 바라보며 찍은 것으로, 남산에 케이블카나 남산타워가 보이지 않고 광화문이 폐허가 된 채 동쪽에 그대로 있어 사진을 찍은 시기가 짐작된다. 사진 앞부분에 유독 큰 서양식 건축물이 두드러진다. 일제강점기의 유명한 친일파 벽수碧樹 윤덕영尹德榮(1873~1940)이 호화롭게 지어 '한양의 아방궁'이라 불렸던 '벽수산장碧樹山莊'이다.

벽수산장은 지금의 서울특별시 종로구 옥인동 47번지(필운대로9나길 27)에 있었다. 본래 조선 후기의 위항委巷시인 천수경千壽慶(1758~1818)이 살던 송석원松石園 자리였다. 천수경은 옥류동천 근처 소나무와 바위가 있는 곳에 작은 집을 짓고 '송석원'이라 했다. 같은 처지의 위항시인들을 동인으로 모아 풍류를 즐겼는데 이 모임을 '송석원시사松石園詩社' 또는 '옥계시사玉溪詩社'·'서사西社'·'서원시사西園詩社'라 했다. 장혼張混(1759~1828), 조수삼趙秀三(1762~1849), 차좌일車左一(1753~1809), 왕태王太, 박윤묵朴允默(1771~1849) 등 위항문학의 대표적인 시인들이 이 모임에 참여했다.

• 송석원, 벽수산장 글씨 아래 앉아 있는 윤덕영
•• 일제강점기 벽수산장과 박노수 가옥

ⓒ 김상엽

간혹 추사 김정희도 모임에 초대받았다. 이들이 지은 시를 품평해 달라는 뜻에서였다. 당시 김정희는 지금의 통의동 일대에 있던 월성위궁月城尉宮에 살았는데, 천수경의 집과 가까운 곳이었다. 1817년 음력 4월, 김정희는 송석원 뒤편 바위에 '송석원松石園'이라는 세 글자를 써서 새기게 한다. 한 글자의 가로와 세로 폭이 네 치쯤 되는 정방형이었고, 그 큰 글자 옆에는 '정축청화월丁丑淸和月 소봉래서小蓬萊書'라는 관지款識가 있었다. 김정희와 송석원시사 인물들과의 관계를 잘 보여주는 흔적이다.

송석원은 1800년대 후반 여흥 민씨 집안 소유였다가 1904년 무렵 다른 이에게 매각되고, 이후 1910년까지 몇 사람에게 차례로 넘어간다. 그러다가 윤덕영이 1910년대 말에 송석원 일대 전부를 매입한다. 윤덕영은 이 넓은 땅에 14~5년에 걸쳐 대저택을 지었고, 완공되자 처음에는 예전 이름 그대로 '송석원'이라 부르다가 '벽수산장'으로 바꾼다. 인왕산 중턱에서 경성 일대를 내려다보는 위치에 우뚝 솟아 있는데다 서양 자재를 수입하여 지은 프랑스식의 호화로운 건물이었기 때문에 '한양의 아방궁阿房宮'이라 불리기도 했다.

윤덕영은 정작 집이 완성되었음에도 호화로운 벽수산장에 살지 못하고 뒤쪽에 지은 한옥에 거주했다. 벽수산장이 너무 넓어 관리가 어려웠고 외부의 시선도 따가웠기 때문이다. 그 결과 준공 후 이 건물은 곧바로 중국의 신흥 종교단체인 홍만자회紅卍字會 조선지부에서 임대하여 사용한다. 1940년에 윤덕영이 죽자 1945년 미쓰이광산주식회사에 건물과 부지 일체가 매각되었고, 해방 후 덕수병원에 불하되었다가 6·25전쟁 중에는 미8군 장교 숙소로 사용되었다. 전쟁이 끝나고 1954년 6월부터는 한국통일부흥위원단UNCURK이 사용했으나 1966년 4월 5일 화재로 전소되었고 1973년 6월 도로정비 공사 과정에서 잔해가 완전히 철거된다.

박길룡이 지은
박노수 가옥

　　　　　　벽수산장 본채 뒤쪽에는 윤덕영의 소실이 거주하던 한옥이 있었고, 본채 앞으로는 윤덕영의 딸과 사위가 살던 2층 양옥이 있었다. 이 집은 당시 건축가로 유명했던 박길룡朴吉龍(1898~1943)이 설계했다. 박길룡은 우리나라 근대 건축사를 논할 때 빼놓을 수 없는 인물이다. 경성공업전문학교를 졸업한 그는 조선총독부 건축기수技手로 조선총독부 청사(1926)를 짓는 데 참여했다. 1932년 조선총독부 소속의 건축기사가 되었다가 그만두고 그해 7월 종로구 관철동에 박길룡건축사무소를 열어 간송미술관(1936)과 화신백화점(1937) 등을 설계했다. 윤덕영

현재의 박노수 가옥
ⓒ **왕규태**

딸과 사위가 살던 집은 후에 동양화가 남정藍丁 박노수朴魯壽(1927~2013)가 구입해 40여 년간 거주하여 지금은 '박노수 가옥'이라 불린다.

박노수 가옥은 서촌 경관의 중심이라 할 만한 수성동 계곡 바로 아래 자리해, 근래에 서촌 탐방객들이 가장 많이 찾는 곳이 되었다. 1937년경에 지어진 이 집은 2층 벽돌집으로, 1층은 온돌방과 마루로 구성되어 있고 2층은 마루방 구조로 되어 있다. 한옥과 양옥의 건축기법 외에 중국식 기법도 섞여 있다. 다다미를 깐 방이나 목구조 양식에서는 일본 건축의 그림자도 느껴진다. 안쪽에 벽난로를 3개나 설치하는 등 호사스럽게 꾸며 놓았다. 당시 윤덕영의 위세가 엿보이는 부분이다.

동양적 정신세계를 지닌 박노수의 회화

세상을 떠날 때까지 이 집을 지킨 박노수는 한국 현대 동양화단을 대표하는 화가다. 그는 해방 후 한국 미술계가 현대 교육을 시작하고 배출한 1세대 화가 중 한 명이다. 박노수는 충남 연기군(지금의 세종시) 출신으로 부친에게 《천자문》과 서예를 배우지만 고등보통학교를 졸업할 때쯤 그림에 뜻을 두기 시작한다. 고보를 졸업한 후 서울로 올라와 청전 이상범에게 그림을 배우기 시작한다. 그러나 이상범과의 사제 관계는 얼마 가지 못한다. 바로 다음해인 1946년 서울대학교에 예술대학 미술학부가 생겼기 때문이다.

박노수는 서울대학교 화과畫科의 첫 입학생이 되어 김용준, 이상범, 노수현, 장우성 등에게 본격적으로 그림을 배운다. 그는 1949년에 처음 열

박노수, 〈선소운〉(1955)

국립현대미술관 소장

린 대한민국미술전람회에서 입선한 후 1981년 제30회 마지막 국전까지 한 번도 빠지지 않고 참여한다. 제4회 국전에서는 〈선소운仙籬韻〉이라는 작품으로 동양화부 최초로 대통령상을 받으며 화단의 화려한 주목을 받는다. 〈선소운〉은 검은 옷을 입고 앉아 있는 여성을 그린 그림으로, 간결하고 선적禪的인 분위기를 잘 살린 뛰어난 작품이다.

1960년대 이후부터 박노수는 대담한 구도와 독특한 준법을 구사하며 감각적·추상적인 회화를 시도했다. 특히 소년, 말, 사슴, 그리고 강, 수목 등을 소재로 한 박노수 특유의 그림은 실험적이며 독자적인 화풍으로 한때 시대를 대표하는 그림으로 평가받기도 했다. 그의 그림은 다양한 실험을 하면서도 동양적인 선묘線描를 잃지 않았고, 신선한 색채감각과 격조 높은 정신세계를 보여주었다. 그는 동시대에 활동했던 어떤 이들보다 구성력이나 필력, 감각, 그리고 정신적인 면에서 특출한 성과를 보인 뛰어난 화가였다.

근대 동양화의 상징
이상범

한국 미술을 대표하는
고유명사

       30여 년 전 한국에서 가장 유명한 회사의 입사 시험에 "한국미술사에서 유명한 '남농南農'에 대해 아는 대로 답하라"라는 문제가 출제되었다. 가장 많은 답이 "남쪽 지역이 농사가 잘 된다"였다고 한다. '남농'은 호남 남종화의 상징적인 인물인 허건의 호였는데, 엉뚱한 답이 쏟아져 나온 것이다. 이 밖에도 상상하기 어려운 여러 가지 뜻밖의 답이 나와 많은 화제가 되었다. 한국인들의 부족한 미술 교양을 단적으로 보여주는 예이다.

  청전靑田 이상범李象範(1897~1972)은 이런 우리나라에서도 모르는 이가 드물 정도로 유명한 화가다. 한국 전통미술에 관심이 적더라도 한국의 산수화 하면 떠올리는 이미지는 대개 이상범의 그림이다. 특히 한국의 시골 마을을 서정적 정취로 그린 산수화는 한국미술을 지탱하는 상징으로 자리 잡고 있다. 그만큼 이상범이라는 이름은 한국미술을 대표하는 고유명사이다. 미술품 경매회사의 경매에서도 그의 작품이 끊이지 않는 것은 애호가들 사이에 평가가 여전히 시들지 않고 있음을 보여준다.

미술품 수집가들의
신적 존재

한국 동양화의 전성기는 1980~90년대였다. 집 가진 사람이면 누구나 한 점씩은 걸 만큼 동양화는 집안 장식의 큰 부분을 차지했다. 어지간한 동네에는 화랑을 겸한 표구사가 몇 개씩 성업 중

청전 이상범
국립문화재연구소 엮음,
《한국 역대 서화가 사전》 하(국립문화재연구소, 2011)

이었다. 표구사는 국전을 준비하는 화가들로 늘 바빴다. 국전 결과에 따라 입선한 작가는 얼마, 특선한 사람은 얼마, 심사위원은 또 얼마, 이런 식으로 가격이 형성되었다. 구매자들은 취향과 경제 사정에 따라 그림을 모으고 집안을 꾸몄다. 이때 애호가들 사이에 가장 인기 있던 이가 이상범과 소정 변관식이었다. 특히 이상범의 작품은 화단에서 가격이 제일 높았을 뿐 아니라 그림을 좋아하는 사람들이 꿈꾸는 마지막 목표였다.

학창시절부터 미술을 좋아했던 필자는 우연한 기회에 이상범의 작품을 마음속 깊이 새기게 되었다. 누구나 그렇듯 학교 다닐 때는 공부하기가 싫었지만, 어쩔 수 없이 도서관에 자주 다녀야만 했다. 학교 도서관

이상범, 〈추경산수〉·〈춘경산수〉(1959)
연세대학교박물관 소장

1층에는 엄청나게 큰 산수화 두 점이 걸려 있었다. 한 점은 〈추경산수〉이고, 또 한 점은 〈춘경산수〉였다. 세로는 3미터가 훨씬 넘고, 가로는 2미터가 넘어 이상범의 그림 중에서도 가장 크기가 큰 것이었다. 오가며 슬쩍슬쩍 보다 보니 은근히 정이 들었다. 관심을 가지고 자세히 살펴보니 낙관에 이상범의 이름이 보였다.

1959년에 제작된 것인데 당시 총장이었던 백낙준白樂濬(1895~1985)이 특별히 주문한 그림이라고 한다. 이 두 점은 이상범의 작품을 통틀어서 가장 뛰어난 구성과 필치를 보여준다고 해도 과언이 아닌 명품 중의 명품이었다. 늘 이 그림을 보다보니 자연스럽게 1950년대 이상범의 농촌 풍경이 눈에 익숙해졌다. 그런 이유에서인지 나는 이상범의 그림은 50년대에 그린 서정성 강한 부드러운 가을 풍경이 가장 좋다고 생각하게 되었다. 때가 되면 한 점 갖고 싶다는 욕구까지 생겼다. 그렇게 이상범의 그림은 내 마음 속에 깊이 자리잡았다.

청전 이상범의
집을 찾아가다

청전 이상범은 그림뿐만 아니라 집도 유명했다. 이상범은 종로구 누하동 집에서 화숙을 운영하고 있어 많은 화가 지망생들이 모여들었다. 화숙 이름은 '청전화숙靑田畵塾'이라 했다. 집은 인왕산 필운대 아래, 골목 깊숙한 곳에 자리잡고 있었다. 서촌을 방문하는 사람이면 누구나 한 번은 들를 만한 유명한 곳이지만 찾기는 그리 쉽지 않다. 안내판이라곤 길 건너편 가로수에 붙어 잘 보이지도 않는 작은

것 하나뿐이다. 처음 가는 사람은 안내를 받지 않고서는 찾을 수 없을
정도다.

누하동 178, 181번지. 바로 한국 미술의 상징과도 같은 화가인 이상범
이 살던 집과 화숙이 있는 곳으로 한국 동양화 정신을 현대에 이어준 산
실이다. 이상범은 1930년대부터 생을 마칠 때까지 이 집에서 지냈다. 크
지 않은 집에 아들들과 함께 살아 화실을 두기 어려워 옆집을 사서 담을
터 화실로 꾸몄다. 그 유명한 '청전화숙'이다. 그는 이곳에서 그림도 그리
고 제자들도 가르쳤다. 수십 명이 이곳에서 그의 지도를 받으며 한국을
대표하는 화가로 성장했다.

이상범 가옥은 말 그대로 그가 생활하던 집이고, 청전화숙은 옆집을 사
서 안쪽에서 터서 서로 오갈 수 있게 한 화실이다. 집의 정면에 걸려 있는

이상범의 집과 화실

● 이구영의 '누하동천' 글씨 ●● 청전화숙 풍경

'누하동천樓下洞天'이라는 당호는 한학자로 유명한 노촌老村 이구영李九榮 (1920~2006)의 글씨다.

담벼락의 꽃문양 벽돌이 참으로 아름답다. 화실에는 그의 손때가 묻은 물건이 그대로 놓여 있고 생생한 느낌의 초상화가 주인처럼 방을 지키고 있다. 민형식閔衡植(1875~1947)과 손재형에게서 받은 글씨도 보인다. '청전화옥靑田畵屋'이라는 현판을 쓴 이가 궁금해서 보니, 의외로 유명한 작가가 아닌 운방芸邦 유소영柳小英이다. 유명한 서예가 검여劍如 유희강柳熙綱 (1911~1976)의 딸로 홍익대 미대를 다닌 이다. 사제 간의 인연으로 쓴 것으로 보인다.

한국 근대 도제 미술 교육 기관, 청전화숙

한국 미술사에서 화가 이상범이 중요하게 다루어져야 하는 이유 중 하나는 누하동 자신의 작업실에서 개인적으로 청전화숙을 운영했다는 점이다. 화숙이란 일본식 미술교육 형태로 개인적으로 제자들을 모아 도제徒弟 교육을 하는 곳이다. 화가의 화숙 운영이 문제될 것은 없다. 하지만 그는 조선미술전람회의 심사에 관여하던 미술계의 권력자였다. 제자들이 몰려 세력을 만들 수 있었던 것이다. 이는 훗날 한국 미술계 패거리화의 원조라는 비난의 빌미가 되기도 한다.

실제 당시 한국을 대표하는 미술 세력은 조선미술전람회 심사에 참여한 김은호와 이상범 두 사람의 화숙이었다. 먼저 화숙을 만든 이는 김은호였다. 김은호는 1929년 자신의 집에 '낙청헌絡靑軒'이라는 화숙을 만들고 제자들을 받아들여 조선미술전람회에서 괄목할 만한 활동을 보인다. 이어 1933년에 이상범이 '청전화숙'을 설립한다. 다분히 김은호의 낙청헌을 의식한 행동이었다. 낙청헌 출신은 주로 채색화 중심의 북종화 계열로 활동했고, 청전화숙 출신은 수묵산수화를 중심으로 한 남종화 계열로 활동하며 한국 미술계를 양분했다.

이때부터 한국 미술계의 계보화가 시작되었다. 이 두 조직이 훗날 서울대와 홍익대가 한국 미술계를 양분하는 상황의 뿌리가 되었다 해도 과언이 아니다. 김은호의 후예들은 주로 서울대에 들어갔고, 이상범의 후예들은 대부분 홍익대에 자리를 잡았다. 그래서 초기에는 서울대 미대가 치밀하고 감각적인 회화가 강했고, 홍익대 미대는 산수화 등 남종화 계열이 강했다. 점차 이런 분위기는 퇴색했지만 교풍校風의 원류가 된 것은 부인

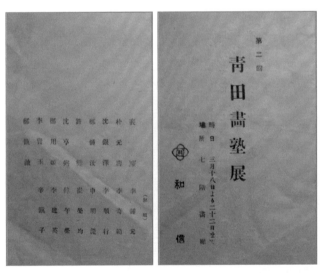

제2회 청전화숙전 리플렛(1942)

할 수 없는 사실이다.

청전화숙의 동문전은 1941년에 처음 개최된 후 1943년까지 3회가 열렸다. 수제자로 불리는 제당霽堂 배렴裴濂(1911~1968), 후에 월북한 청계靑谿 정종여鄭鍾女(1914~1984)와 이상범의 아들 이건영李建英(1922~?)이 주요 제자였다. 여성으로는 정용희鄭用姬(1914~1950)와 이현옥李賢玉(1909~2000)이 있었으며, 일제 말기에는 남정 박노수도 이곳에서 배웠다. 청전화숙 출신 화가들은 조선미술전람회를 통해 수묵산수화의 큰 맥을 형성했다. 향토적이고 소박한 자연을 소재로 한 그들의 산수화는 '청전풍靑田風'이라 불리며 큰 인기를 누렸다.

이상범에 대한
엇갈리는 평가

이상범은 화가로서 당대 최고의 지위를 누렸지만, 큰아들 이건영이 월북한 뒤 소식이 끊어지는 등 개인으로서는 그리 행복한 편이 아니었다. 또 그에게는 민족지사와 친일 미술인이라는 두 가지 상반된 이미지가 강하게 남아 있다. 이런 상이한 평가는 화려했던 한 화가의 아킬레스건이 되고 말았다.

이상범은 1936년 《동아일보》 조사부에 근무할 때 베를린 올림픽에서 손기정孫基禎(1912~2002)이 금메달을 따자 그가 달고 있던 일장기를 지워 버린 사진을 신문에 실은 사건에 연루된다. 이때 강제 해직된 뒤 그는 민족정신을 고취한 지사로 평가받았다. 이상범이 《동아일보》에 재직할 때 같이 근무했던 이 가운데 그림을 그리던 청정靑汀 이여성李如星(1901~?)이 있었다. 두 사람은 모두 조사부 소속으로서 이여성은 부장이었고 이상범은 주로 신문 연재소설의 삽화를 그렸다. 이런 인연으로 두 사람은 손기정 선수의 베를린 올림픽 마라톤 제패 때 일장기 말소 사건에 함께 연루되어 강제 해직된다. 당시 이여성은 이미 서화협회전에서 동양화로 입선한 적이 있고, 1935년에는 이상범과 함께 2인전을 열기도 한 전문 화가였다.

이여성은 해직 후 동아일보 근처 중학동에 살다가 1938년 옥인동으로 이사 온다. 이상범의 집 바로 근처인데, 이때 자주 청전화숙에 들러 그림을 그리곤 했다. 경북 칠곡의 부잣집 아들이었던 이여성은 집안의 도움으로 새로 지은 2층 양옥을 마련한다. 같은 직장에 있었고, 함께 2인전을 열었고, 호에서도 '푸를 청靑'자를 공유한 것을 보면 이상범과 이여성 두

가슴의 일장기가 말소된 손기정 사진
《동아일보》 1936년 8월 25일

사람은 사제師弟였을 가능성이 높아 보인다. 그동안 이여성의 미술 학습에 대한 연원이 전해지지 않았는데, 이런 상황을 미루어 보면 이상범과 이여성의 예술적 영향관계를 어느 정도 짐작할 수 있지 않을까 싶다.

　　그러나 일장기 말소 사건의 이미지와 달리 이상범에게는 친일 미술인이라는 굴레가 씌워져 있다. 이상범은 조선미술전람회가 창설되자 적극 참여하여 수상을 거듭하고 1938년에는 한국인 심사위원 자격으로 심사에 참여한다. 한 해 먼저 참여한 김은호에 이어 두 번째였다. 두 사람은 1944년 해방 전 마지막 전람회까지 심사에 적극적으로 임했다. 또한 일제강점기 말기에 조선미술가협회 일본화부에 가담하고, 반도총후半島銃後

〈님의 부르심을 받들고서〉 기사
《매일신보》 1943년 8월 6일

2

미술전람회 심사위원을 지냈으며, 국방헌금을 모금하기 위한 국책 기획
전에도 참가했다.

　이는 적극적인 친일 행위라는 비난을 면하기 어렵다. 이상범이《매일신
보》에 징병제 실시를 축하하며 기고한 삽화〈님의 부르심을 받들고서〉등
은 대표적인 친일 작품으로 남아 있다. 이런 이유로 이상범은 2008년 민족
문제연구소가 정리한《친일인명사전》미술 부문에 친일 미술인으로 올라
있다. 그의 큰아들 이건영도 1942년 반도총후미술전에〈개발지開發地의 추
秋〉를 출품하고, 1944년 결전미술전람회 일본화부에〈도전하다〉를 출품하
여 역시《친일인명사전》에 올라 있다. 역사의 준엄함을 느끼게 한다.

옥동패 서양화가들의 중심
이승만

일제강점기 서촌,
서양화가들의 아지트

광화문을 지나 서촌 입구 체부동에서 백운동천白雲洞川 길을 따라 자하문을 향해 걷는다. 10여 분을 걸어 수성동 계곡 입구를 지나면 통인시장이 나오고 그 다음이 바로 옥인동이다. 이 옥인동이 시작되는 즈음이 옥인동 19번지인데, 일제강점기 저명한 미술인 세 사람이 동시대에 살았던 곳이다. 바로 동양화가 청전 이상범과 서양화가 행인杏仁 이승만李承萬(1903~1975), 그리고 매국노로 서예에 능했던 일당 이완용이다. 이 세 사람은 각각 자신의 분야에서 막강한 영향력을 행사하던 시대의 거물이었다.

이완용은 정치적 위세를 바탕으로 서화협회 고문과 회장을 맡았으며,

이상범은 '청전화숙'을 중심으로 동양화가들을 결집시켰고, 이승만은 특유의 원만한 품성으로 서양화가들이 서촌 지역으로 모여들게 했다. 특히 이승만의 옥인동 집은 서양화가들의 집합소였다. 근처에 화가들이 많이 살았던 이유도 있었지만, 무엇보다 그들을 모일 수 있도록 판을 놓아준 이승만이 있었기 때문이다.

이승만의 집은 옥인동과 통인동 경계에 있었다. 앞문으로 나가면 옥인동이요, 뒷문으로 나가면 통인동이라 할 정도로 넓었다. 백 칸이나 되는 저택 안에는 넓은 잔디밭 정원이 펼쳐져 있었다. 이승만은 무료하면 스케치북을 들고 정원 한가운데로 나가 그림을 그리곤 했다. 공교롭게 바로 옆이 이완용의 집이었다. 이완용은 동네 산책을 즐겼는데, 늘 일본 순사를 거느리고 다녔다고 한다. 이완용은 이승만의 그림 그리는 모습을 보고 일본 유학을 주선하는 등 호의를 베풀었으나 이루어지지는 않았다.

이승만, 이상범, 이완용 집이 있던 옥인동 19번지의 현재 모습

이승만의 집 다른 편에는 이상범이 누하동으로 이사하기 전에 살던 집이 있었다. 스승인 안중식이 세상을 떠나자 이상범은 머물던 경묵당을 나와 가족들이 살고 있는 옥인동 집으로 돌아왔다. 처음에 두 사람은 그다지 가까운 사이는 아니었다. 그런데 어느 여름 장마 때 두 집 사이에 있는 흙담이 무너져버렸다. 다시 담을 쌓아야 했지만 차일피일 미루다 그냥 터놓고 한집같이 지내게 되었다. 이때부터 두 사람은 가까워져 50년 동안 친밀하게 지내는 사이가 되었다.

정치인 이승만과
화가 이승만

이승만은 서울에서 태어나 교동보통학교를 거쳐 휘문고등보통학교를 다녔다. 고보 재학 중 한국 최초의 서양화가이자 휘문고보 미술교사로 있던 고희동의 지도를 받으며 미술에 관심을 갖기 시

서양화가 이승만

정치가 이승만

작한다. 졸업 후 서울 종로 기독교청년회에 있던 고희동의 고려화회高麗畫
會에 출입하며 활동했다. 얼마 후 도쿄미술학교에 진학하고자 일본으로 유
학을 떠났으나 뜻을 이루지 못하고 가와바타미술학교에 들어가 공부한다.

하지만 2년 후 집안 사정으로 미술학교를 중단하고 귀국하여 미술에 전
념한다. 이승만은 화단 활동을 위해 조선미술전람회 출품을 준비한다.
1925년 매일신보는 제4회 조선미술전람회를 앞두고 전람회에 출품할 작
품을 제작하고 있는 유망한 작가 10여 명을 탐방하는 기사를 싣는다. 그 가
운데 한 명이 이승만이었다. 기사 내용이 참으로 재미있다. 사람들이 정치
가 우남雩南 이승만李承晚(1875~1965)의 이름에 빗대어 이제 막 일본 유학에
서 돌아온 청년 화가 이승만을 두고 우스운 말들을 하고 있다는 것이었다.

이승만, 〈꽃〉(제4회 조선미술전람회 4등상)
《제4회 조선미술전람회도록》(1925)

'이승만李承萬'. 얼른 들으면 상해 임시정부에서 대통령 노릇을 하던 철학박사 '이승만李承晚' 그 사람 같이 들리기도 한다. 그러나 그는 늙은 정치가! 이 사람은 금년 이십삼 세의 청년화가! 동명이인은 분명하나 그래도 그의 친구들은 그더러 입버릇으로 '이 박사!'라고 부른다. 작은 키에 아담한 낯빛! 입을 벌릴 때마다 생긋! 생긋! 웃는 표정은 아무리 완고한 사람이라도 무섭게 굴 수가 없을 것 같다.

지금까지도 '화가 이승만'은 대중적 인지도가 높지 않아, 초대 대통령을 지낸 '정치가 이승만'과 혼동하는 이들이 많다. 당시 이승만은 일본에서 돌아온 전도유망한 청년화가로 조선미술전람회에 처음으로 출품하려고 그림을 그리는 중이었다. 신문 기사에 따르면 그는 화실에 파묻혀 수채화로 정물을 열심히 그리고 있었다. 그해 이승만은 조선미술전람회 서양화부에서 4등상을 받으며 화려하게 등단한다. 이후 연속해서 네 차례나 특선을 하는 등 매년 뛰어난 활약을 보인다.

몸집이 작다 해서
아호가 '살구 씨'

이승만은 '행인杏仁'이라는 재미있는 아호를 썼다. '살구 씨'라는 뜻이다. 키가 작고 몸이 왜소해 친구들이 '살구 씨'라 부른데서 따왔다고 한다. 이승만의 집안 또한 아호만큼이나 특별하다. 그의 성씨는 이씨李氏 중에서도 가장 드문 편에 속하는 희귀한 성씨다. 자료에 따라 '전주 이씨'라 잘못 전하는 곳도 많지만, 사실 그의 정확한 본관

2

은 '태안 이씨泰安 李氏'이다.

태안 이씨는 현재 전국에 3,000~4,000명 정도밖에 없는 희귀한 성씨다. 이승만은 대대로 역관을 지낸 중인 집안 출신이었다. 서촌에 자리잡은 것도 집안 내력 때문이다. 조선 후기에서 개화기에 이르기까지 대부분의 역관들이 그러했듯 이승만 집안도 대단한 재력을 축적했다. 이승만은 역관 집안 특유의 현실적응 분위기에서 자라 일찍 개화하여 신학문을 배운 것으로 보인다.

희귀한 성씨임에도 미술에 재능이 있는 집안이었는지 태안 이씨는 같은 시대에 능력 있는 화가를 두 명이나 더 배출한다. 서양화가 이제창李濟昶(1896~1954)과 동양화가 현초玄艸 이유태李惟台(1916~1999)가 그들이다. 도쿄미술학교 서양화과를 졸업한 이제창은 이승만보다 한 항렬 위였으며 나이는 7년 위였다. 이유태는 한 세대 아래 항렬로 김은호 문하에서 공부를 시작하여 도쿄에 있는 제국미술학교로 유학을 다녀온 인재였다. 세 사람 모두 일본 유학을 한 것을 보면 태안 이씨가 부유하고 개화된 의식을 가진 집안이었던 듯하다.

이제창

이유태

동경파와 맞선
옥동패의 좌장

　　이승만의 옥인동 집을 중심으로 서양화가들이
어울렸다는 것은 당시 화가들 사이에 여럿이 어울려 지내는 세력이 있었다
는 의미이기도 하다. 1909년 고희동이 유학을 다녀오며 시작된 근대 서양
화단은 점차 전공자가 늘며 화가들의 수가 증가하기 시작했다. 특히 일본
유학이 늘고 조선미술전람회가 창설되며 서양화가의 수는 급격히 확대되
었다. 여러 미술단체들이 생겨나며 화가들은 서로 어울리는 부류들이 달라
질 수밖에 없었다. 화가이면서 글도 잘 썼던 구본웅具本雄(1906~1953)은 당
시 화단의 대표적인 세력을 '동경파東京派'와 '옥동패玉洞牌'로 나누었다.

　동경파는 도쿄미술학교 등 일본의 미술학교에 유학갔던 화가들을 지칭

이승만과 그의 친구들(왼쪽에서 5번째 서 있는 사람이 이승만)
최열, 《한국 근대미술의 역사》(열화당, 2015)

한다. 도쿄미술학교 출신인 고희동과 그의 후배인 김관호, 김찬영을 중심으로 나혜석, 이종우와 같은 후배 화가들을 '일본 유학생'이라는 연결고리로 묶어 '동경파'라 불렀다. 이들은 당대 최고의 엘리트라는 자부심이 강한 이들이었다. 이들이 모여 특별한 미술 운동을 한 것은 아니지만, 서로를 의식하며 이후 한국 미술계를 양분하는 한 축이 되었다.

또 다른 세력은 이승만의 옥인동 집을 중심으로 어울리는 일군의 화가들이었다. 특히 이승만의 집에 열댓 칸이나 될 정도로 큰 화실이 있어서 서양화를 그리는 친구들이 자주 들러 때때로 함께 그림을 그렸다. 화가들의 아지트가 된 것이다. 이곳에 드나든 여러 화가들을 '옥동패'라 불렀다. '옥동패'는 옥인동에 사는 이승만과 사직동에 사는 김중현金重鉉(1901~1953)의 집에 화가들이 자주 모이는 것을 보고 구본웅이 동네 이름을 따서 지은 명칭이다.

'옥동패'로는 정규익丁奎益(1895~1925), 안석주安碩柱(1901~1950), 이승만, 이제창, 김중현 등이 있었다. 동경파에 비해 좋은 대학을 다니지 못했거나 유학을 다녀오지 못한 화가들이 많았다. 이들 외에 김종태金鍾泰(1906~1935)와 윤희순尹喜淳(1902~1947), 고려미술회의 박영래朴榮來, 도쿄 유학생인 김복진도 자주 어울려 옥동패로 불렸다. 이들 중 여러 명은 서촌 지역에 살아 함께 어울릴 수 있는 좋은 여건이 되었다. 그러나 점차 일본에 유학하는 사람들이 늘어나며 이러한 분류는 무의미하게 되었다.

옥동패의 좌장은 단연 이승만이었다. 이승만은 전형적인 서울 사람이었다. 보통 서울 사람 하면 까다롭고 인색하지만 남에게 피해를 주지 않아 서로 예의만 지키면 불편함이 없는 정확한 사람을 뜻한다. 이승만은 좋은 의미의 서울 사람이었다.

가까이 지냈던 소설가 조용만趙容萬(1909~1995)의 증언에 따르면 이승만은 옥같이 맑고 티끌 하나 없는 사람이었다. 더럽고 추하게 사는 것을 싫어했고, 오만하다고 할 만큼 깔끔하여 남에게 허리 굽히는 일이 없었다. 인자하고 친절하여 남을 돕기를 좋아하는 면도 있었다. '좌담의 명수'라 할 만큼 언변이 좋아 사람들을 편하게 만드는 재주도 있었다. 이러한 그의 성격이 옥동패를 형성하는 계기가 된 듯하다.

역사소설 삽화가로 '3대 천왕' 명성

이승만은 한국미술사에서 특이한 지점에 있는 작가다. 그는 일본에 유학하여 서양화를 공부했으나 한국에 돌아와서는 서양화보다 신문 소설의 삽화로 이름을 알린 '삽화의 명수'였다. 그가 삽화에 전념하게 된 것은 혜원蕙園 신윤복申潤福(1758~?)의 풍속화에 심취하게 되면서부터. 신윤복의 풍속화를 현대적으로 구현하기 위해 신문의 삽화를 그리게 되었다고 한다. 그는 신문의 역사소설 삽화를 계속해서 그리며 명성을 쌓아갔다.

그는 《매일신보》 학예부 기자로 신문 연재소설 삽화를 전담했다. 《동아일보》의 이상범, 《중앙일보》의 노수현과 함께 삽화계 3대 천왕으로 알려질 만큼 신문 삽화의 상징적 존재가 되었다. 이 세 사람은 우연하게도 모두 서촌에 살았다. 특히 이승만은 역사 소설을 많이 쓴 소설가 월탄月灘 박종화朴鍾和(1901~1981)와 짝을 이루어 작업을 많이 했다. 《금삼의 피》(1935) 삽화를 그리게 된 것을 계기로 《임진왜란》(1954~1957), 《세종대왕》(1969~1977) 등에 실린 풍속화풍의 삽화를 도맡아 했다.

이 작품은 이승만이 박종화가 《조선일보》에 연재한 역사소설 《세종대왕》의 삽화로 그린 것이다. 박종화와 이승만은 짝을 이뤄 1969년부터 1977년까지 2,456회를 연재하여 최장기 연재소설 기록을 세운다. 뒷면에 '1969년 5월 28일 조선일보사 조사국'이라는 직인이 찍혀 있으며, 펜으로 '세종대왕 75회'라는 당시 편집국 직원의 글씨가 적혀 있다.

다급한 상황에서 혼란스러워하는 다양한 백성들의 움직임을 여러 명의 인물들을 동원하여 묘사하고 있다. 군사 한 명과 일반인 대여섯 명이다. 어떤 이는 갓마저 잃어버리고 혼비백산하는 것으로 보아 좋은 일인지 나쁜 일인지는 모르지만 난리가 난 모양이다. 비록 조그만 삽화 그림이지만 사람들의 활달한 움직임을 잘 묘사했다. 또한 사람들의 배치 등 구성도

이승만, 《세종대왕》 삽화(1969)

묵로 이용우가 이승만에게 그려준 〈기수영창其壽永昌〉

적절해서 이승만의 재기 넘치는 삽화 실력을 느낄 수 있다.

행인 이승만의
딸을 만나다

10여 년 전 지인의 소개로 서울 우이동 지역에 사는 노년의 여성을 만나 이야기를 나누게 되었다. 명문 고녀 출신으로 교양이 높은 이였다. 아버지가 유명한 화가로 집이 매우 부유했으며, 이상범, 노수현, 이용우 등 동양화가들과 김중현 등 많은 서양화가들이 드나들었다는 이야기를 시간 가는 줄 모르고 들었다. 그의 아버지가 바로 행인 이승만이었다.

자신도 아버지를 닮아 그림을 잘 그려 이상범에게 칭찬을 들었는데 계속하지 못했다는 이야기부터 시작하여, 이승만의 인품과 골동품을 좋아했던 이야기까지 생생하게 들을 수 있었다. 집에는 이승만이 그린 작은 풍속도뿐만 아니라 이용우의 거북이 그림 등 여러 작품이 있었다. 부친에 대한 이야기를 맺으며 노년에 이른 딸의 환해지는 얼굴을 보니 이승만의 인품을 어렴풋이 짐작할 수 있었다.

서촌에서 많은 화가들이 활동했던 데에는 이승만의 타고난 품성이 큰 역할을 했을 거라는 생각이 드는 귀한 시간이었다.

동양화가 이여성과 서양화가 이쾌대,
두 형제 이야기

서화가들의 산실
서촌 지역

1943년 8월 3일, 화가 청정 이여성은 역사학자 이병도李丙燾(1901~1989)와 경주를 찾아 토함산 석굴암에 오른다. 그는 석굴암 스님이 내어놓은 방명록에 "늙도 젊도, 웃으시나뇨 노하시나뇨. 내 당신 못내 잊어 다시 왔다 가나이다"라고 시적인 표현의 소감을 적는다. 끝에는 "서울 '옥동玉洞' 사는 청정 이여성이란 속상俗尙이외다"라며 자신을 소개한다. 이여성이 언급한 '옥동'은 경복궁 옆 서촌의 '옥인동'이다.

당시 서촌에는 많은 미술가들이 살고 있었다. 이상범이 '청전화숙'을 누하동에 설립하자 많은 제자, 후배 동양화가들이 서촌으로 모여들었다. 동양화가뿐만 아니라 서양화가도 서촌에 여럿 살고 있었고, 미국 유학을 다녀온 장발張勃(1901~2001)과 프랑스에 유학한 이종우는 사직동에 살았고, 도쿄미술학교 출신인 이제창, 공진형孔鎭衡(1900~1988)도 근처에 살았다. 이승만, 김중현 등을 중심으로 '옥동패'라 불린 화가들도 주로 서촌을 중심으로 활동했다. 그만큼 서촌에는 미술 분위기가 가득했다.

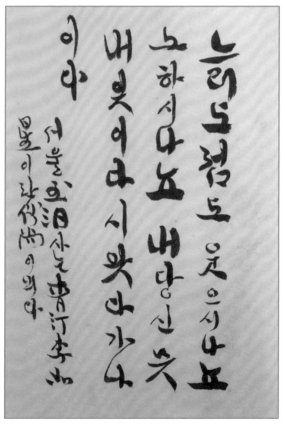

이여성의 석굴암 방명 글씨

서촌에 살다 월북한
이여성·이쾌대 형제

　　　　　　　　　서촌에서 살며 뜻을 펼치던 이들 중 이여성과
이쾌대李快大(1913~1965) 형제가 있었다. 경북 칠곡의 부잣집에서 태어난
두 사람은 일찍 경성에 올라와 공부했다. 형 이여성이 먼저 중앙고등보통
학교를 다녔고, 동생 이쾌대는 후에 휘문고등보통학교를 다닌다. 학생
시절 두 사람은 학교와 가까운 중학동에 거주했다. 계동과 원서동에 이웃
해 있던 두 학교는 모두 미술에 선구적인 모습을 보였다.

　중앙고보에는 고희동, 이종우가 교사로 있었고, 휘문고보에는 고희동,
장발 등 유명한 화가들이 교사로 있었다. 중앙고보 졸업생 가운데 이여성
과 김용준이 화명畫名을 날렸고, 휘문고보에서는 이승만, 윤희순, 이쾌대,
전형필 등 미술계 인사들이 여럿 배출되었다.

　이여성과 이쾌대는 1930년대 후반 중학동에서 서촌으로 이사하여 자
리잡는다. 이여성의 집은 옥인동 56번지였는데, 이상범의 집과 매우 가
까웠다. 이쾌대의 집은 궁정동 16-3번지였는데, 지금의 청와대 왼쪽 바
로 앞이다. 집은 거부인 아버지가 마련해주었다. 일찍 결혼한 이쾌대가
유학에서 돌아올 때를 대비하여 준비한 거처였다. 두 사람의 아버지는 이
쾌대가 돌아오기 전 해인 1938년, 옥인동에 2층 목조로 큰 집을 지어 장
남인 이여성에게 살게 했다. 유학에서 돌아온 막내 이쾌대에게는 1939년
아담한 한옥 집 한 채를 사주어 살도록 한다.

　형 이여성은 다방면에 많은 재능을 가진 이였다. 사회운동가이자 언론
인이며, 화가이자, 학자요, 평론가이기도 했다. 그의 본명은 이명건李命鍵
이다. '여성如星'이라는 이름자는 친구 고모부가 '별처럼 살라'는 뜻으로

2

• 이쾌대, 〈이여성〉 •• 이쾌대, 〈자화상〉
국립현대미술관 기획, 《거장 이쾌대, 해방의 대서사》(돌베개, 2015)

지어준 호였는데, 마음에 들었는지 평생 이름처럼 사용했다.

그는 고보 졸업 후 일본 도쿄의 릿쿄立敎대학 정치경제학과에서 공부하면서 당시 새로운 사조였던 사회주의 사상을 받아들인다. 신여성이었던 성악가 박경희朴慶姬(1901~?)와 결혼한 후에도 사회주의 활동과 연구를 지속했다. 1944년에는 여운형呂運亨(1886~1947)을 따라 건국동맹 결성에도 참여했다. 1948년 초 근로인민당 대표 중 한 사람으로 평양에서 열린 남북연석회의에 참가했다가 월북하고 만다.

동생 이쾌대는 휘문고보를 다니던 중 담임교사였던 서양화가 장발의 영향을 받아 그림을 그리게 되고 일본 유학을 결심한다. 도쿄에 먼저 유학한 형의 영향도 있었다. 그는 도쿄에 있는 제국미술학교에 유학하여 1938년에 졸업한다. 돌아와 궁정동에 3~4년 살다가 이사해서 '성북미술연구소'를 열어 후학을 양성한다. 1950년 한국전쟁이 일어나자 인민의용군으로 참전했다가 포로가 되어 거제 포로수용소에 갇힌다. 휴전협정 후 남북 포로교환 때 자의로 북한을 택해 넘어간다.

'청정'이라는
호에 얽힌 이야기

이여성의 호 '청정靑汀'에는 웃지 못할 이야기가 얽혀 있다. 이 호는 한때 일제강점기 최고의 활약을 펼쳤던 대구 출신의 서양화가 이인성의 호로 인식되던 시절이 있었다. 이인성의 호를 '청정'이라 부르게 된 것은 작은 오해와 착각에서 비롯했다. 두 사람은 이름 글자가 한글로도 비슷하며, 한자도 '李如星'과 '李仁星'으로 흡사했다. 더욱

이여성, 〈설경〉

〈미술이 문학을 만났을 때〉(국립현대미술관, 2021)

이 두 사람의 한자 이름을 인장으로 새겨 찍으면 혼동되기 쉬웠다. 출신지도 같고 이름도 비슷하고 인장도 닮았으니 애호가들은 쉽게 둘을 구분하기 어려웠다. 게다가 두 사람의 수묵화 그림이 비슷한 면이 많아 더욱 오해가 깊어졌다.

그런데 1948년 이여성이 월북하자 6·25전쟁 이후 반공을 국시로 한 남쪽에서 '이여성'이라는 이름 세 글자는 금기시된다. 이에 반해 이인성의 이름은 한층 높아져 일제강점기 한국 화단의 대표격으로 인식된다. 이 때부터 이여성과 이인성의 이름이 더욱 혼동되기 시작한다.

혼동이라지만 일방적으로 이여성이 이인성으로 흡수되어 사용되는 상황이었다. 때마침 미술평론가 이경성李慶成(1919~2009)이 이인성에 관한 글을 쓰며 그의 호를 착각하여 '청정 이인성'이라 했다. 이때부터 사람들이 이인성의 호를 '청정'으로 알고 부르기 시작했다. 결국 '청정 이인성'이라는 잘못된 호칭이 최근까지 오랫동안 쓰이게 되었다.

이상한 점은 당대의 저명한 평론가 이경성이 이여성의 존재를 잘 몰랐다는 것이다. 이여성의 그림이 매우 귀하기 때문에 몰랐을 수도 있지만, 같은 시대를 살았고 같은 미술계에 있으면서 그를 몰랐다는 것은 불가사의한 일이다. 그런 상황이니 일반인들은 더 의심 없이 이경성의 주장을 따랐을 것이다. 또한 미술시장에서는 유사한 두 사람의 작품이 혼동될 때 보통 유명한 쪽으로 가져다 붙이는 경향이 있다. 그래야 경제적으로 더 유리하기 때문이다.

동양화가이자
민속학자로서의 이여성

　　이여성이 화가로서 본격적인 활동을 시작한 것은 《동아일보》에 근무하며 이상범을 만나면서인 듯하다. 그는 1934년 서화협회에서 주최한 서화협회전에 동양화 〈어가소동漁家小童〉을 출품하여 입선함으로써 화가로서의 활동을 본격화한다. 이듬해인 1935년에는 이상범과 함께 동아일보사에서 2인전을 열었다. 당시 명사였던 두 사람의 전시라 많은 화제가 되었다.

이여성, 〈격구도〉
한국마사회 말박물관 소장

이여성은 주로 산수화를 많이 그렸다. 때론 정치한 필치의 역사화나 풍속화를 그리기도 했다. 그가 어디서 어떻게 그림을 배우기 시작했는지는 전혀 알려져 있지 않다. 일본 화풍이 강해서 일본에 유학할 때 일본인 화가에게 그림을 배운 것으로 보이기도 한다. 대표작 〈격구도擊球圖〉에 특히 일본 특유의 역사화 전통과 기법이 보이고, 수묵산수화에서도 일본 신남화의 분위기가 짙게 나타난다.

또한 이여성은 이상범과 유난히 가깝게 지낸다. 같은 직장에 다니고 같은 동네에 살면서 함께 2인전까지 연 걸 보면 그에게서도 상당한 영향을 받은 것으로 보인다. 이상범의 호가 '청전靑田'이고 이여성의 호가 '청정靑汀'으로 '청靑' 자를 공유한 것도 영향 관계를 짐작케 한다.

이여성은 1936년 말 손기정 선수 일장기 말소 사건에 연루되어 동아일보사에서 강제 사직당한 뒤 동양화에 몰두한다. 신문지상에 자신의 그림을 종종 발표했는데, 얼마 지나지 않아 "화단의 혜성, 중년에 화도로 전향한 동양화의 귀재"라는 평가를 받는다. 그는 평소 '민중을 위한 창작활동, 즉 프롤레타리아 예술'이라는 자신의 예술론을 분명하게 제시했다. 그러나 현재 전하는 작품들에서 그러한 면을 찾기란 쉽지 않다. 그의 산수화는 아름다운 자연을 그린 풍경화일 뿐이다. 그의 장기였다는 역사화에서 그러한 일면을 찾을 수 있을지 모르나, 남아 있는 작품이 드물어 연구하기 쉽지 않다.

오히려 이여성의 예술론은 그의 문화사 연구에서 잘 드러난다. 1947년에 출간된 《조선복식고》는 이여성의 의식 세계를 잘 보여준다. 이 책은 한국 최초의 복식사服飾史 연구이다. 당시 황무지나 다름없던 한국의 복식 분야를 개척했다는 데 대단한 의의가 있다.

이여성이 《조선복식고》를 집필하던 시절에 화제가 되었던 사건이 하나 있다. 어느 날 이여성의 옥인동 2층집에 많은 구경꾼들이 모여들었다. 젊고 예쁜 여성들이 삼국시대 옷부터 조선시대 옷까지 이여성이 고증한 전통복식을 입고 2층 난간에 모습을 드러낸 것이다. 이여성이 복식을 연구하며 고증을 위해 이화여전 학생들을 초대해서 옷을 입혀 사진을 찍으려 한 것인데, 동네 사람들에겐 전에 보지 못하던 구경거리가 되었다. 한국 최초의 패션쇼가 아닌가 생각되기도 한다. 한때의 재미있는 해프닝이었다.

특출한 조형의식을 가진
서양화가 이쾌대

이쾌대는 1938년 도쿄에서 열린 이과전二科展에 〈운명〉이라는 작품을 출품해 입선한 후 3년 연속 입선한다. 주로 전형적인 한국 여인상을 소재로 작업을 했는데, 예민한 조형 의식과 개성적인 표현 감각을 보여주었다. 특히 한 여인의 다른 시기 삶을 한 화면에 배치한 작품들로 주목을 받았다. 당시 일본에서 유행한 '이시동도법異時同圖法'이라는 기법을 차용한 이 기법은 그의 탁월한 조형 의식과 맞물려 더욱 많은 관심을 받았다.

1941년에는 도쿄에서 이중섭李仲燮(1916~1956), 진환陳瓛(1913~1951), 최재덕崔載德(1916~?), 문학수文學洙(1916~1988) 등과 신미술가협회를 조직하고, 도쿄와 서울에서 동인전을 가졌다. 신미술가협회는 한국 근대미술사에서 보기 드문 성과를 보인 특별한 미술단체였다.

이쾌대는 1945년 광복 후에 조선조형예술동맹 및 좌익 계열의 조선미술동맹 간부가 되어 사상적 경향성을 보이기 시작한다. 그러나 1947년에

• 이쾌대, 〈운명〉(1938) •• 이쾌대, 〈군상 4〉(1947)

국립현대미술관 기획, 《거장 이쾌대, 해방의 대서사》(돌베개, 2015) | 유족 소장

는 이전과는 달리 "진정한 민족예술의 건설"을 표방하면서 김인승, 조병덕趙炳悳(1916~2002), 이인성 등 18명으로 이루어진 조선미술문화협회를 결성하기도 한다. 스스로 사상적 방향에 대해 깊이 고뇌하던 시절이었다. 그는 이때부터 자신의 인생 역정과 조국의 현실을 반영한 작품들을 쏟아내기 시작한다. 그의 대표작이라 할 만한 〈군상〉 연작도 이때 제작되었다. 〈군상〉은 훗날 한국 근대미술사의 기념비적인 작품이 된다.

근래에 이쾌대만큼 한국 근대미술사에서 주목받는 이도 없다. 가장 저평가된 화가라는 언급에서 시작하여, 언젠가부터 재평가해야 할 주요작가로 인식되더니, 급기야는 가장 중요한 근대작가라는 평가를 받기에 이르렀다. 박수근이나 이중섭, 김환기에 이어 가장 중요한 작가의 반열에 이른 것이다. 한동안 '월북 작가'라는 굴레에 묶여 논의의 대상조차 되지 못하던 것에 비하면 놀라운 변화이다.

그러나 문제는 이러한 추세가 작품에 대한 연구가 제대로 되지 못한 상태에서 이루어진 평가라는 것이다. 과연 그의 작품이 예술적으로 얼마나 뛰어난 경지에 있는지, 그의 미술 작품이 얼마나 독창적인지에 대한 치밀한 연구가 먼저 이루어져야 그에 대한 적절한 평가 또한 가능할 것이다. 한국미술계가 서둘러서 해야 할 연구 과제 중의 하나이다.

박제가 된 두 천재,
구본웅과 이상의 운명적 만남

일제강점기의
'문화 해방구' 서촌

한국 근대기의 문화계는 미술·음악·문학 등 서로 다른 분야일지라도 감성이 서로 통하는 사람들끼리는 자주 어울렸다. 같은 분야의 사람들과만 주로 활동하는 현대 문화계에서는 보기 드문 광경이다. 이는 '시서화詩書畵 삼절三絶', '시중유화 화중유시詩中有畵 畵中有詩', '서화동원書畵同源' 같은 말에서 보이는 과거의 통섭統攝 의식이 이어져 내려온 까닭이다. 특히 일제강점기 서촌 지역에는 유난히 예술인들이 많이 모여 살았다. 서촌에 살던 여러 분야의 예술인들은 서로 의지하며 어려운 시절을 지탱해 나갔다.

서울에서 예술인들이 가장 많이 모이던 곳은 단연 시내 중심부인 명동이었다. 르네상스다방, 청동다방 등 명동의 예술인 아지트에는 하루 종일 여러 예술인들이 터를 잡고 있었고 그와 유사한 부류들이 드나들었다. 이에 비해 서촌은 명동과는 다른 면에서 예술가들의 '해방구'였다. 서촌은 명동처럼 여러 사람들이 늘 모여 어울리는 것은 아니나 각 분야의 예술인들이 살면서 자연스럽게 모이는, 명동과는 또 다른 아지트였다.

서촌에 살던 대표적인 문학인으로는 누상동에 살던 소설가 김송金松 (1909~1988), 그리고 그의 집에서 하숙하던 시인 윤동주尹東柱(1917~1945)를 들 수 있다. 누하동에는 시인 노천명盧天命(1911~1957)이, 통인동에는 시인 이상李箱(1910~1937, 본명 김해경)이, 필운동에는 소설가 염상섭廉想涉(1897~1963)이 살았다. 동양화가로는 이상범이 누하동에, 이한복이 궁정동에 살았으며, 조각가 김복진과 이국전李國銓(1915~?)도 서촌 입구에 자리잡았다.

인왕산에서 내려다 본 현재 서촌의 모습

서촌 지역에서 가장 두드러지게 활동한 예술가는 단연 서양화가들이었다. 삽화로 유명한 이승만이 옥인동에 살며 서양화가들의 중심이 되었고, 이제창과 공진형, 이종우와 김중현이 서촌의 초입 사직동 근처에 살았다. 궁정동에는 정현웅과 이쾌대가 살았고, 이중섭도 한때 누상동에서 지냈다. 이들 예술인들은 활발하게 활동하면서 서로 소통하고 지냈다.

구본웅과 이상의
운명적 만남

서촌에 살던 예술인 중 서양화가 구본웅과 시인 이상의 만남은 하늘이 내린 인연이었다. 두 사람은 외형적으로는 서로 가까워질 수 없을 것 같은 이질적인 조건을 가지고 태어났지만, 그동안 '지음知音'이라 불렸던 수많은 인물들보다 더욱 막역한 관계를 유지한다.

한 사람은 늘씬한 키에 이목구비가 단정한 미남이었지만, 한 사람은 선

구본웅   이상

천적으로 척추 장애를 안고 태어나 작은 키에 잘나지 못한 외모였다. 그럼에도 한 사람은 한국 문학계를 놀라게 한 천재라 칭송받고, 한 사람은 한국 미술계에 새로운 사조의 태동을 전할 만큼 큰 인물이 된다. 두 사람은 문학과 미술이라는 서로 다른 갈래에서 뛰어난 업적을 남기지만, 한편으로는 파란만장한 생애를 살다 가는 고단한 운명을 맞기도 한다.

구본웅과 이상은 어려서부터 한동네에서 자란 친구 사이였다. 네 살 터울로 친구가 되기에는 나이 차이가 많은 편이었지만 신명보통학교에 함께 다닌다. 본래 구본웅이 4년 선배였으나 건강상의 문제로 학교를 들쑥날쑥 다녀 졸업 동기가 된다. 구본웅은 필운동 쪽에 살았고 이상은 통의동에 살았는데, 두 집은 걸어서 5분도 안 걸리는 가까운 곳이었다.

구본웅의 미술적 재능과 미술수업

구본웅은 보통학교를 졸업하고 경성제1고등보통학교를 지원한다. 그러나 신체적 결함 때문에 입학을 거부당하고 경신고등보통학교에 입학한다. 고보를 졸업한 뒤 그는 종로 조선중앙기독교청년회YMCA에 있던 '고려화회'에 발기인으로 참여하며 본격적으로 그림과 조각을 공부한다. 그가 YMCA에서 그림과 조각을 배우게 된 계기는 스스로 미술을 좋아한 것도 있지만, 당시 YMCA 총무로 있던 숙부 구자옥具滋玉(1890~?)의 영향도 컸다. 구자옥은 미국 유학을 다녀온 인텔리였는데, 필운동에 살면서 자주 구본웅의 집에 드나들어 사이가 각별했다.

조각에 재능을 보인 구본웅은 1927년 조선미술전람회에 〈얼굴 습작〉

구본웅, 〈여인〉(1930)
국립현대미술관 소장

을 출품하여 특선을 한다. 그러나 체력이 따르지 못해 조각을 포기하고 서양화로 바꾼다. 서양화를 하려면 유학을 해야 한다는 주변의 권유에 일본으로 유학을 떠난다. 1928년 도쿄에 있는 가와바타미술학교를 거쳐 일본대학 미학과에 입학하나, 서양화 작업에 미련을 떨치지 못하고 태평양미술학교로 옮겨 서양화과를 졸업한다.

구본웅이 도쿄에서 공부하던 시절에는 유럽의 인상파 미술이 주류를 이루고 있었다. 그런데 어느 날 파리 유학을 마치고 돌아온 야수파 화가 사토미 가츠조里見勝藏(1895~1981)가 많은 젊은이들의 주목을 받고 있었다. 구본웅도 그에 매료되어 많은 영향을 받는다. 구본웅이 '한국 최초의 야수파 화가'라 불리게 된 것은 모두 사토미 가츠조 덕분이다. 그의 작품 중 〈여인〉과 〈인형이 있는 정물〉은 사토미 가츠조의 영향이 가득하다.

이상의 미술적 관심과
활동

문학적 감수성이 뛰어났던 이상은 결국 시인이 되지만 어려서부터 미술에도 재능을 보였다. 보성고등보통학교에 다닐 때에는 미술반 활동을 하며 교내 미술대회에서 입상을 했다. 경성고등공업학교에 진학해서는 1928년 3학년 때 유화 자화상을 그리기도 했다. 이 자화상은 1956년 평론가 임종국林鍾國(1929~1989)의 편저 《이상전집李箱全集》 2권에 처음 소개되었다. 원래 채색 유화로 그린 것이지만, 현재 흑백 도판만 남아 있다. 극도의 내면 심리를 표현하기 위해 애쓴 흔적이 엿보인다.

이상은 1931년 조선미술전람회에 작품을 출품하여 화가로서 활동을

● 이상, 〈자화상〉(1928) ●● 이상, 〈자상自像〉

임종국 엮음, 《이상 전집》 2(고대문학회, 1956) | 《제10회 조선미술전람회도록》(1931)

시작한다. 출품작의 내용은 역시 '자화상'이었다. 첫 출품임에도 입선에 드는 성과를 낸다. 1928년에 그린 자화상과 연속성이 있는, 내적 감정을 드러낸 표현주의적 요소가 강한 작품이었다. 경성공업고등학교 시절의 작품이 단정하고 진지했다면, 미전 출품작은 훨씬 세련되고 전문 화가다운 모습을 보인다.

입선한 자화상은 매우 독특한 색감을 가지고 있었다. 화면 전체가 노란 색조로 가득했던 것이다. 이승만이 "리상! 그림도 단단히 황달에 걸렸구려"라고 농담할 정도였다. 이에 이상은 하얀 얼굴 가득히 독특한 웃음을 짓더니 "내 눈엔 온 세상이 노랗게 보이오" 하며 받았다. 이승만의 눈에 이런 색채감각은 이상의 시처럼 천부적인 재능으로 보였다고 한다.

이상은 조선미술전람회에 출품하면서 '김해경金海卿'이라는 본명을 쓰지 않고 '이상李箱'이라는 필명을 사용한다. 이 이름은 경성공업고등학교를 다닐 때에도 사용했다. 당시 지인들의 증언에 따르면 구본웅이 이상에게 졸업 기념으로 사준 화구상자가 오얏나무로 되어 있어서 '오얏나무 상자'란 뜻의 '이상'이라는 이름을 쓰게 되었다고 한다.

구본웅과 이상,
친구를 넘어 인척이 되다

구본웅과 이상은 친구였을 뿐만 아니라 친족으로 얽힌 가족관계를 형성하기도 한다. 구본웅은 만석꾼인 거부 구자혁具滋爀(1885~1959)과 어머니 상산 김씨 사이의 외동아들이었다. 어머니가 일찍 돌아가 계모인 변동숙卞東淑(1890~1974)의 손에서 자란다. 고녀 출신이었던 변동숙은 매우 화통한 성격의 소유자였다. 변동숙의 동생은 변동림卞東琳(1916~2004)이라는 이였는데, 경기고등여학교와 이화여전 영문과를 다닌 재원으로 뒷날 이상과 결혼하게 된다. 이상이 구본웅의 친구였지만 새어머니 동생의 남편, 즉 이모부가 된 셈이다. 이는 변동숙과 변동림이 26세 터울이었기 때문에 가능했다. 일설에 따르면 변동숙은 아버지 변국선卞國璿의 본처 소생이고 변동림은 소실 소생이라고 한다.

변동숙은 의붓아들의 친구이자 제부弟夫인 이상을 "해경이! 해경이!"라고 불렀다고 한다. 나이 차이가 많이 나는 데서 오는 호칭이었을 것이다. 결혼한 지 얼마 지나지 않아 이상이 폐결핵으로 죽자 변동림은 나중에 서양화가 김환기와 재혼하고 이름을 '김향안金鄕岸'으로 바꾼다.

삽화가 이승만이 그린
이상과 구본웅

구본웅과 이상이 함께 다니는 것은 당시 문화계에서 모르는 이가 없을 만큼 유명한 이야기였다. 삽화가로 유명한 행인 이승만은 늘 어울려 다니던 구본웅과 이상의 모습을 간략한 소묘로 그린다. 그는 두 사람을 가장 가까이에서 봤던 사람답게 이들의 모습을 생생하게 기록한다. 펜으로 그린 간단한 것임에도 두 사람의 대조적인 모습이 생동감 넘치게 잘 묘사되어 있다.

키가 큰 이상은 빗지 않아 제멋대로 날리는 머리칼에 수염도 덥수룩하다. 망토를 두르고 하얀 백구두에 지팡이를 짚고 있는 모습이 우스꽝스럽다. 당시 지식인들이 망토를 많이 입었다고는 하지만, 이상의 모습은 지적이라기보다는 기괴해 보인다. 곁에 구본웅이 서 있는데 머리가 이상의 어깨에 닿을 정도로 키 차이가 난다. 구본웅은 평소 신체적 결함을 감추기 위해 서양 정장 대신 한복이나 '인버네스inverness'라 불리는 망토 비슷한 남성용 외투를 즐겨 입었다고 한다. 그림 속 구본웅이 바로 인버네스를 입고 있는 모습이다.

이승만, 〈이상과 구본웅〉

이승만, 《풍류세시기》(중앙일보·동양방송, 1977)

키 차이가 많이 나는 그림 속 두 사람을 보고 있으면, 우스우면서도 마음을 짠하게 만드는 일화 두 가지가 생각난다. 한 가지는 이들과 가까웠던 조용만이 전하는 이야기다. 한번은 구본웅과 이상이 길을 가다 언론인 양백화梁白華(1889~1944)를 만나 술집으로 향했다. 양백화는 육척 장신이었는데 걸음걸이가 늘 연체동물처럼 흐느적거렸다. 그런데 이 세 사람을 보고 갑자기 동네 아이들이 나타나 "곡마단이 왔다" 소리치면서 따라다녔다고 한다. 세 사람의 기괴한 행색에 아이들이 며칠 전 동네에 들른 서커스단의 일원으로 알았던 모양이었다.

또 하나의 이야기는 행인 이승만이 전하는 것이다. 어느 날 이승만이 구본웅, 이상과 함께 술집에 가다가 소설가 박종화를 만났다. 박종화 또한 키가 작기로 유명했다. 그런데 키 큰 이상을 사이에 두고 한쪽에는 구본웅이, 다른 쪽에는 박종화가 서서 세 사람이 앞서 걸어갔다. 이 모습을 이승만이 뒤에서 보자니 마치 '뫼 산山' 자 같았다. 그래서 웃으며 전하니 이상이 "하하! 우리 모습이 마치 '뫼 산' 자와 똑같군!" 하며 큰 소리로 웃었다고 한다.

구본웅이 그린 이상,
〈우인상〉

구본웅과 이상의 인연을 보여주는 대표적인 작품은 단연 구본웅이 이상의 얼굴을 그린 유화 〈우인상友人像〉이다. 1934년 무렵 구본웅이 조선호텔 정문 건너편에 골동가게 '우고당友古堂'을 차리자 이상이 늘 찾아왔다고 한다. 〈우인상〉은 그런 이상을 모델로 그린

구본웅, 〈우인상〉(1935)

국립현대미술관 소장

것이다. 대담한 색채 구사와 격정적인 필치로 감성의 해방을 추구한 미술 사조인 야수파의 기법을 잘 살렸다. 강렬한 색채와 과감한 붓질로 그린 작품 속 이상의 얼굴은 개인의 불행, 시대의 어둠과 맞물려 진한 감동을 준다.

구본웅의 유족들 말에 따르면 이 그림에 〈우인상〉이라는 제목을 붙인 이는 구본웅과 가까웠던 서양화가 이마동李馬銅(1906~1981)이라고 한다. 본래 주인공이 누구인지 몰랐는데 이마동이 이상임을 알아보았다고 한다. 필자는 언젠가부터 구본웅이 그린 이상의 얼굴을 보고 있으면, 그들의 짧고 불우했던 삶과 함께 그의 소설 《날개》의 마지막 장면이 떠오른다. 나도 모르게 소설의 주인공처럼 불현듯 겨드랑이가 가려워지는 듯한 느낌을 받는다. 두 손을 옆으로 펴고 소리 없이 중얼거린다.

날개야,
다시 돋아라.
날자, 날자, 날자.
한번만 더 날자.
한번만 더 날자꾸나.

화가 이중섭의 짧았던 행복,
'누상동 시절'

마음의 안정 찾고
왕성한 작품 활동

한국 근대기 서양화단의 대표적인 작가인 이중섭의 작품 중 1940년대에 제작된 두세 점을 제외한 나머지 작품은 모두 1950년대에 제작된 것이다. 이중섭이 1956년 40세로 세상을 떠났으니, 그의 본격적인 화가로서의 활동은 5~6년 사이에 집중되어 있다고 할 수 있다. 더구나 그 사이에 3년간의 6·25전쟁이 있었음을 생각하면 활동 시기는 더욱 줄어든다. 우리가 알고 있는 천재 화가 이중섭의 빛나는 재능은 몇 년 사이에 샘솟듯 쏟아져 나온 것이다.

이중섭은 본래 부잣집에서 태어나 유학까지 다녀오지만 주변 환경의 변화에 따라 매우 어려운 환경에서 생활하게 된다. 더욱이 지나치게 예민한 성격 탓에 사회에 제대로 적응하지 못하고 남보다 더욱 험한 세파를 겪어야 했다. 한곳에 정착하지 못하고 여러 곳을 떠돌며 지냈기 때문에 그가 살았던 대표적인 지역을 말하기조차 어렵다.

이중섭은 1945년 학교 후배인 야마모토 마사코山本方子(1921~)와 결혼해서 원산에 살았다. 6·25전쟁 중에는 부산으로 내려갔으나 정부의 소개령으로 제주도 서귀포로 가 1년 정도 살기도 한다. 겨우 노력해서 부산 범일동에 판잣집이나마 마련하여 돌아왔으나 1952년에 부인과 아이들이 일본으로 떠난다. 1953년에는 공예가 유강열劉康烈(1920~1976)의 호의로 한동안 통영에서 지내기도 한다. 그러나 그것도 잠시, 어느 곳에서도 편하게 지내지 못하자 친구들이 그를 서울로 불렀다. 그렇게 서촌 누상동에서 잠시 살게 된다.

서촌 누상동에서 지낸 1954년 한 해는 이중섭에게는 참으로 행복한 시절이었다. 주변 사람들의 도움으로 안정을 찾고 제대로 된 작업을 할 수

이중섭

ⓒ 허종배

있었기 때문이다. 경복궁미술관에서 열린 제6회 대한미술협회전에는 10호 크기의 작품 세 점을 출품했다. 친구인 화가 박고석朴古石(1917~2002)의 증언에 따르면 이때 출품한 작품은 〈소〉, 〈닭〉, 〈달과 까마귀〉였다고 한다.

서울에 올라와 처음에는 인왕산 자락의 누상동에 살던 소설가 김이석 金利錫(1914~1964)의 집에 머물렀다. 김이석은 이중섭의 평양종로보통학교 1년 선배였다. 그러다가 한 달 후 바로 인근의 누상동 정치열의 집 2층으로 조카 이영진과 함께 이사한다. 이중섭은 이곳에서 10월 말까지 지내면서 이듬해 1월에 있을 서울 미도파화랑 개인전을 준비한다.

그는 전시를 열어 성공하면 일본에 가서 가족을 데리고 올 수 있다는 꿈에 부풀어 그림을 그렸다. 가장 희망에 찬 시기였다. 빌려 살고 있던 정치열의 집이 팔리면서 12월 초 마포구 노고산 기슭 신수동에 살던 이종사촌 이광석의 집으로 옮기게 된다. 그러니 이중섭이 누상동에 산 것은

이중섭이 살던 누상동 집 2층

1954년 한 해 중에서도 몇 달뿐이었다. 그럼에도 창작열이 고조된 덕에 이곳에서 좋은 작품을 많이 남긴다.

이중섭이 살던 누상동 집은 여전히 그 자리에 그대로 있다. 번지수로는 누상동 166-202번지. 인왕산 산자락 아래 좁은 골목 안에 있는 그 집은 옥인동 '박노수 가옥'에서 왼쪽으로 들어가 구불구불한 오르막 골목을 몇 번 접어 들어가야 겨우 찾을 수 있다. 이중섭이 오래 산 곳도 아니어서 문화재로 보호할 만한 상황이 안 되는지 팻말 하나 없어 안내하는 이가 없으면 찾기 쉽지 않다.

일제강점기에 지은 2층 형태의 적산가옥인 이 집은 지붕만 새로 했을 뿐 옛날 모습 그대로라고 한다. 너무 좁은 골목에 위치해 그가 살았던 2층의 모습은 보기 어렵다. 위쪽에 있는 집 뜰에 올라가 바라보니 이중섭이 거처했던 방의 창문이 바로 눈앞에 다가온다. 적산가옥의 작은 창문 사이로 이중섭의 실루엣이 보이는 듯하다. 이 방에서 개인전을 준비했을 그의 모습을 떠올리니 애잔한 마음이 들었다.

이중섭 작품 애호가
아서 맥타가트

1955년 1월에 미도파화랑에서 열린 '이중섭 작품전'은 많은 애호가들의 관심 속에 성황리에 마무리되었다. 특히 〈소〉의 인기가 좋았다. 당시 주한 미국대사관 문정관이었던 아서 맥타가트(1915~2001)는 일찌감치 이중섭의 가치를 알아보고 작품을 구매하기도 한 미술애호가였다. 맥타가트가 전시를 관람했을 때는 이미 소를 그린 작품 중

이중섭, 〈싸우는 소〉(맥타가트 구장품)

국립현대미술관·조선일보사·서귀포 이중섭 미술관 주최,
〈이중섭, 백년의 신화〉(국립현대미술관, 2016)

일부가 판매된 상태였다고 한다. 맥타가트는 일부 소 그림과 유화와 은지화 10여 점을 구입했다.

당시 작품전에 전시된 '소' 그림에 얽힌 일화가 하나 전한다. 전시회를 관람하던 맥타가트가 무심결에 "이 소 그림은 스페인의 투우만큼이나 힘이 넘치는군요"라고 중얼거렸다. 마침 곁에 있던 이중섭이 이 말을 듣고 "이건 스페인 소가 아니고, 한국의 '소'란 말이요!"라고 소리치고 획 나가버렸다고 한다. 그의 화가로서의 자존심을 잘 보여주는 일화다.

당시 개인전에서는 다른 조그만 소동도 있었다. 은지화 등 일부 그림이 풍기문란하다고 하여 철거 명령을 받은 것이다. 작품 속 인물들 중 나체가 많아 일어난 소란이었다. 이런 소동에도 불구하고 작품은 인기가 있어 20점 이상이 예약되었다. 주로 지인들이나 일부 애호가들이 예약해둔 것이었다. 전시가 끝나면 수금한 후 작품을 보내줘야 하는데 차질이 생겼다. 생각보다 수금 실적이 부진했던 것이다. 김환기가 나서서 노력했으나 생각처럼 잘 되지 않았다.

이에 실망한 이중섭은 의기소침했으나 다시 마음을 추슬러 약속된 대구 전시를 준비했다. 서울에서 가져온 작품 20여 점에 대구에서 제작한 회화 작품 10여 점, 은지화 10여 점을 더해 대구 미국공보원에서 '이중섭 작품전'을 열었다. 그러나 전시는 별 반응을 얻지 못했다.

이중섭은 이때부터 음식 먹기를 거부하는 거식증이 생기기 시작했다. 전시회 결과가 성격이 예민한 이중섭의 마음을 상하게 한 것이다. 증세가 심해지자 친구인 시인 구상具常(1919~2004)이 이중섭을 대구 성가병원에 입원시켰다. 이 시기 이중섭은 아내에게서 온 편지를 읽지도 않고 답장을 보내지도 않는 등 소통을 거부하는 모습까지 보였다.

이에 이광석과 김이석은 이중섭을 데리고 서울로 상경하여 다시 수도 육군병원에 입원시킨다. 겨우 증세가 완화되어 12월 중순께 퇴원해 정릉으로 옮겨 화가인 한묵韓黙(1914~2016), 시인인 조영암趙靈巖(1918~?)과 자취 생활을 시작한다. 이때 그린 작품 중에 〈정릉 풍경〉이 남아 있다.

절필작
〈돌아오지 않는 강〉의 사연

　　　　　　　　이중섭은 정릉에 살며 화가로서의 마지막 불꽃을 태운다. 그의 절필絶筆로 불리는 〈돌아오지 않는 강〉 연작도 이때 그렸다. 이 특이한 제목은 한묵 등 자취하던 친구들과 대화하며 만들어졌다. 이들이 자취하던 집 근처엔 화가 박고석도 살았다. 한묵, 박고석, 이중섭 셋은 특히 잘 어울렸다. 어느 날 한밤중에 술로 거나해진 셋이 박고석의 집에 몰려와 시시덕거리면서 이중섭이 내어놓은 그림들을 보았다. 당시 이중섭은 제목을 무엇으로 할까 고민하던 차였다.

　마침 누군가가 시중에서 인기 있는 마릴린 먼로(1926~1962) 주연의 영화 〈돌아오지 않는 강〉을 떠올리고는 그걸 제목으로 하자고 제안했다. 일본에 간 부인이 영영 돌아오지 못할 것이라는 예감이 들어서 그런 제목으로 한 것일까. 제목 때문인지 이중섭이 부인과의 생이별을 예견하고 그린 그림으로 해석하는 경향도 있다.

　종이 위에 그린 이 연작은 모두 구성이 비슷하다. 아이와 어머니의 모습이 주인공으로 등장한다. 창을 열고 밖을 내다보는 아이는 돌아올 어머니를 기다리고 있다. 저 멀리 흩날리는 눈발을 헤치며 장사 나간 어머니가 돌아오고 있다. 한 그림에는 아이가 밖을 응시하는 모습이, 다른 작품

이중섭, 〈돌아오지 않는 강〉

에는 기다림에 지친 아이가 고개를 외로 틀고 있는 모습이 담겨 있다. 또 다른 작품에선 약간 고개를 앞으로 숙이고 있다. 세 작품 속 아이가 기다림의 다양한 표정을 보여준다.

한 작품엔 소년과 어머니 사이에 새를 한 마리 그려 넣었다. 보통 새는 메신저를 나타내므로 아이와 여인을 잇는 매개자로 보인다. 여인은 어머니의 모습일 수도, 아내의 모습일 수도 있다. 어쩌면 어머니와 아내 두 상징이 한데 어우러진 모습일지도 모른다. 하나의 장면을 여러 가지로 변주한 이 그림들은 작은 크기에 간단한 설정으로 그려져 있지만 이중섭이 한 가지의 소재에도 얼마나 많은 배려를 쏟았는지를 알 수 있게 한다.

지켜보는 이도 없었던
비운의 죽음

1956년 1월 맥타가트가 뉴욕 현대미술관MoMA에 은지화 세 점의 기증 의사를 표명하자 미술관에서는 이를 검토하고 심의 절차를 거쳐 소장하기로 결정한다. 미술관 측은 이중섭의 은지화를 "예술성뿐 아니라 소재 사용과 작가의 창의성으로 봐도 실로 매혹적인 작품"이라 평가했다. 이 소식을 들은 이중섭은 "내 그림 비행기 탔겠네"라고 대단히 기뻐했다고 한다. 당시 정릉에 거주하면서 주변을 산책하고 스케치하는 등 어느 정도 기력을 회복한 상태였던 이중섭은 본격적인 작품은 아니었지만 삽화와 표지화를 다수 제작했다.

하지만 음식을 잘 먹지 못하는 거식증 탓에 영양이 부족해져 황달이 심해지고 정신 분열 증세도 보이기 시작했다. 하는 수 없이 한묵은 그를 청량리 정신병원에 입원시켰다. 7월 중순에는 간장 질환까지 악화되어 서대문에 있는 서울적십자병원으로 옮긴다. 이런 노력에도 불구하고 9월 6일 목요일 오후 11시 45분, 비운의 천재 화가 이중섭은 병원 311호에서 지키는 사람 없이 간장염으로 세상을 떠나고 만다.

이중섭의 시신은 무연고자로 분류되어 3일간 영안실에 안치되어 있었다. 사흘째 되던 날 병원을 찾은 김병기가 이중섭의 사망을 알게 되어, 친구들에게 연락을 취해 9월 11일 고별식을 가지고 홍제동 화장터에서 화장했다. 어릴 적 고향 친구가 마지막 죽음의 순간을 거둔 것이다. 이중섭의 유골은 망우리의 공동묘지에 안치되었다. 유골의 일부는 박고석과 구상이 수습했다. 구상은 1년 뒤 도쿄에서 있었던 펜PEN 대회에 참석했을 때 이를 부인 야마모토 마사코 여사에게 전해주었다.

이중섭, 〈은지화〉
뉴욕현대미술관 소장

이중섭의 득의작
〈벚꽃 위의 새〉

2016년 국립현대미술관 덕수궁 분관에서는 특별전 '백년의 신화: 한국근대미술 거장전 이중섭 1916-1956'이 열렸다. 전시는 대성황을 이뤄 새삼 이중섭의 인기를 실감하게 했다. 그를 박수근과 함께 국민화가라 부르는 이유를 알 만했다.

주최 측은 전시기간 중 특별한 이벤트를 진행했다. 전시된 작품 중에서 관람객들이 가장 좋아하는 작품을 묻는 행사였다. 세월의 흐름에 따라 작품의 선호도가 어떻게 달라졌는지 알아보겠다는 취지였다. 그동안 이중섭을 상징하는 작품으로는 보통 〈황소〉가 꼽혔다. 대부분의 사람들은 여전히 황소를 그린 작품이 1등을 할 것이라 예상했다.

뚜껑을 열어보니 예상과는 달리 〈황소〉를 제치고 일반적으로 덜 알려진 작품인 〈벚꽃 위의 새〉가 단연 많은 점수를 받아 1등으로 뽑혔다. 관계자들은 세월의 흐름과 세대 간 미감의 차이에서 온 의외의 결과에 매우 놀라워했다. 그러나 필자는 내심 결과에 흐뭇했다.

필자는 〈벚꽃 위의 새〉 소장자와 평소 친분이 있어 이 작품을 자주 봤던 터였다. 필자는 늘 소장자에게 개인적으로 〈벚꽃 위의 새〉가 서정성이 뛰어나 이중섭의 작품 중 제일이라 역설하면서도 그저 우리끼리의 이야기라 덧붙이며 웃어넘기곤 했다. 물론 약간의 인사치레와 개인적인 취향의 개입이 없었던 것은 아니다. 그런데 관람객들도 필자와 같은 의견이었던 것이다. 여러 언론을 통해 이 같은 결과가 발표되자 세간의 화제가 되었다.

〈벚꽃 위의 새〉는 이중섭의 작품 중에서도 서정성이 가장 돋보이는 작

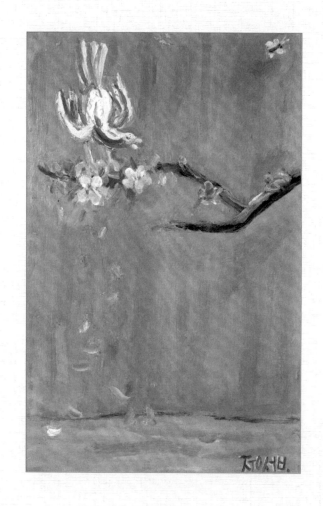

이중섭, 〈벚꽃 위의 새〉

〈이중섭, 백년의 신화〉(국립현대미술관, 2016)

품이다. 벚꽃 피는 봄날의 정경 중에서 한 장면을 포착하여 그렸다. 흐드러지게 핀 꽃가지에 새 한 마리가 내려앉자 꽃송이가 눈처럼 떨어져 내린다. 새는 가지에 내려앉자마자 한쪽에 앉아 있는 청개구리 한 마리를 노려본다. 서로 바라보는 품새에 긴장감이 역력하다. 두 생명체 간의 생과 사를 넘나드는 긴장감에 꽃을 찾으러 왔던 벌 한 마리가 깜짝 놀라 화면 밖으로 막 도망가려는 참이다. 자연의 서정 속에 존재하는 생존 경쟁의 한 장면인 셈이다.

연구자 중 이 두 생명체를 강자와 약자로 해석해서 일본과 한국과의 관계로 설명하는 이도 있지만 이중섭의 심성이나 사고를 봤을 때 자연의 질서라고 파악하는 편이 자연스럽다. 당시 동양화가 중 감각적인 필치를 자랑하던 묵로 이용우의 작품 중에 이와 유사한 구도의 작품이 전하고 있어 작품의 연원을 이해하는 데 큰 도움이 된다.

여리고 예민했던
감성의 소유자

2018년 세상을 떠난 백영수 화백과 친분이 있어 많은 이야기를 나누었다. 그중 이중섭에 관한 이야기가 오래 기억에 남는다. 부산에 살 때 자주 가던 다방에 이중섭이 급히 찾아왔다. 대개 이런 경우는 돈이 필요해서였다고 한다. 돈을 조금 변통해주자 호주머니에서 하얀색 에노구 물감을 꺼내 탁자에 놓았다. 이중섭에게 하얀색 물감은 생명과도 같은 것이었다. 그럼에도 물감을 내놓는 고운 손을 보고 마음이 애잔했다고 한다. 이중섭은 친구들과 술 한 잔 하면 가끔 한쪽에서 훌쩍

거리며 울었다. 그러면 옆에 있던 김환기가 화를 내며 야단을 쳤다고 한다. 감성이 유난히 예민해서 그랬던 것으로 보인다. 이중섭의 성격과 정신세계를 잘 보여주는 일화다.

이중섭의 어릴 적 친구이자 문화학원을 같이 다닌 김병기도 이중섭에 관한 이야기를 제법 했다. 필자는 2015년 일본 하야마葉山에서 열린 전시회에서 김병기의 강연을 들은 적이 있다. 그는 1시간가량 문화학원 다닐 적의 상황을 전하는 강연을 열정적으로 진행했다. 마치 70세 정도 되는 노학자의 강연처럼 들렸다. 당시 그의 나이는 100세였다.

강연 내용 중에는 이중섭의 이야기가 많았다. 참으로 놀라운 일이었다. 이미 60년 전 나이 마흔에 세상을 떠난 이중섭의 친구가 60년 후에 100살의 노인이 되어 옛날이야기를 생생하게 전하는 것이었다. 이 또한 새로운 전설의 한 장면이 될 것이라는 생각이 들었다. 이중섭은 일찍 죽어 신화가 되었고, 친구 김병기는 올해 106세의 최고령 현역 화가로 활동하고 있으니 새로운 신화라 아니할 수 없다. 두 사람의 이야기가 영원하기를 기대한다.

하야마에서의 김병기 강연 모습

2

불꽃처럼 살았던 '채색화의 전설'
천경자

위작 사건에 휘말린
불우한 말년

현재 한국의 근현대 화단을 대표하는 작가를 꼽자면 서양화가로는 박수근, 이중섭, 김환기를 들 수 있다. 이 세 작가는 한국 근현대 미술을 대표할 뿐만 아니라 미술시장의 흐름도 이끌어왔다. 반면 동양화 분야는 서양화에 비해 크게 주목받지 못했다. 이런 상황에서도 유독 인기 있고 작품 가격도 높은 작가가 한 명 있다. 독특한 채색화로 유명한 천경자千鏡子(1924~2015) 화백이다. 오랫동안 한국 화단을 대표했던 이상범이나 변관식의 산수화조차 예전 같은 관심을 유지하지 못하는 상황에서 천경자의 작품이 여전히 큰 인기를 누리고 있는 것은 분명 대단한 일이다.

근래 세상 사람들에게 '천경자'라는 이름은 부조리한 스캔들의 주인공처럼 인식되고 있다. 말년에 느닷없이 맞닥뜨린 '미인도 위작 논란 사건' 때문이다. 그의 미술적 성과는 자극적 화제에 묻혀버리고, 오로지 〈미인도〉가 진짜냐 가짜냐 하는 이야기만 세상에 난무했다. 화가 천경자가 〈미인도〉의 증언자로서만 존재하는 듯했다. 이런 상황은 작가로서의 그를 힘들게 했고 그의 말년을 고단하게 만들었다. 사실 〈미인도〉는 진품이든 위작이든 천경자의 작품 세계를 대표한다고 할 수 없다. 그럼에도 그 작품 하나 때문에 한국 미술계의 주요 작가 한 명이 지저분한 구렁텅이에 빠져버린 듯하다.

위작 사건의 빌미가 된 〈미인도〉
국립현대미술관 소장

〈생태〉에 응축된
굴곡진 삶

　　　　　천경자는 1924년 전라남도 고흥에서 1남 2녀 중 큰딸로 태어났다. 본명은 천옥자千玉子다. 1941년 광주공립여자고등보통학교(현 전남여고)를 졸업한 뒤 도쿄에 있는 여자미술전문학교 일본화과로 유학을 간다. 이 무렵 스스로 이름을 '천경자'로 바꾼다. 보통 '여미전'이라 불리던 이 학교는 당시 일본에서도 특별한 미술학교였다. 남자들이 다니던 유서 깊은 도쿄미술학교에 대응하여 세워진 당시 최고의 명문 여자미술학교였다.

　이 학교에는 한국인 화가 지망 여성들이 많이 입학했다. 나혜석이 첫발을 디딘 이후 백남순, 정온녀, 이숙종, 박래현 등 많은 한국 신여성들이 다녔다. 이 중 박래현은 천경자의 1년 선배였고, 정온녀는 2년 선배였다.

　천경자는 여자미술전문학교에서 여러 일본화 전공 교수들에게 배웠고, 학교 수업과는 별개로 인물화로 유명한 고바야가와 기요시小早川淸 (1899~1948)의 문하에 들어가 전통 일본식 인물화도 배운다. 당시 일본의 미술학교 교육과정은 이론과 실기를 병행했기 때문에 중등학교 교사 양성에는 적합했다. 그러나 활동할 만한 작가를 길러내기에는 학습 기간이 짧았고, 무엇보다 깊이 있는

천경자
ⓒ 문선호

기예技藝를 쌓기에는 수련 시간이 부족했다. 이 때문에 개인적으로 학교 교수나 당대 유명한 화가들이 운영하는 화숙에 다니면서 그림 기교를 습득했다. 천경자 또한 인물화 중심의 채색화를 전공할 생각이었기에 고바야가와 기요시의 화숙으로 그림을 배우러 다녔다.

천경자가 전문화가로 등단한 것은 1943년과 1944년 조선미술전람회에 각각 〈조부祖父〉와 〈노부老婦〉라는 작품으로 입선하면서다. 규모가 매우 큰 전면 채색화로 당시의 여성화가로서는 보기 어려운 작품이었다.

천경자는 1943년 미술학교를 졸업한 뒤 이듬해에 귀국하여 모교인 전남여고 미술교사로 부임한다. 1946년에는 학교 강당에서 첫 개인전을, 1949년에는 서울에서 개인전을 개최하면서 장래가 촉망되는 여류화가로 평가받는다. 그렇게 천경자는 화가로서 자리잡아가고 있었다. 하지만 화가 외의 삶은 그렇지 않았다. 집안의 몰락, 동생의 죽음, 초혼의 실패와 재혼을 겪으며 굴곡 있는 삶을 산다. 이러한 경험은 그의 작품 세계를 '애절한 한恨'의 세계로 이끈다.

운명적인 슬픔을 극복하며 그림에 매진한 천경자의 삶은 1951년에 발표한 〈생태生態〉에 응축되어 나타난다. 〈생태〉는 수십 마리의 뱀이 뒤엉킨 모습을 그린 작품으로 당시 화단의 큰 주목을 받았다. 이색적 소재이기도 하거니와 숙명적인 운명을 안고 살아가는 듯한 꽃뱀 서른다섯 마리가 엉켜 있는 독특한 구성은 인간의 모든 고뇌가 서려 있는 듯한 모습이어서 감동과 충격을 주었다. 이 작품이 계기가 되어 천경자의 미술세계는 한층 깊이를 더해간다. 이 시기 작품들에 유난히 뱀이 많이 등장하는 것은 〈생태〉의 성공과 작가 자신의 인생이 어우러져 이루어진 자연스러운 예술의 방향이었다.

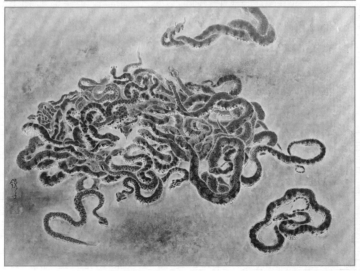

• 천경자, 〈노부老婦〉(1944) •• 천경자, 〈생태〉(1951)

〈천경자 꿈과 정한의 세계〉(호암미술관, 1995)

천경자가 자주 뱀을 그리게 된 데에는 특별한 사연이 있다. 그는 부유했던 집안이 유학 중 몰락해서 어쩔 수 없이 귀국하게 된다. 좋은 집에서 밀려나 어머니와 함께 동생들과 외진 곳에서 셋방살이를 시작한다. 이사 간 집은 아침저녁으로 뱀들이 출몰하여 곳곳에 득실거렸다. 징그럽기도 하고 무섭기도 했지만 새 집 구할 여력이 없어 다시 이사를 가지도 못했다. 천경자는 그런 피할 수 없었던 절절한 가난을 잊지 못해 뱀을 그렸다고 한다. 여기에 느닷없이 찾아오는 불우한 일들을 맞닥뜨리며 여성으로서 힘들 수밖에 없었던 운명의 정서를 이입해 그렸을 것이다.

평화롭고 안정적이던 '옥인동 천경자'

〈생태〉 발표 후 화가로서 성공한 천경자는 1954년에 홍익대학교 미술대학 교수로 임용되어 새로운 한국화를 모색해나간다. 점차 경제적으로 여유로워지자 서울 서촌 지역에 자리잡고 자전적인 삶을 모티브로 한 여인상들을 감성적인 필치로 그리며 독자적인 작품세계를 확립해간다.

미술 애호가들은 화가 천경자를 두고 '옥인동에 살던 천경자'라는 말을 자주 한다. 사실 천경자가 살았던 집은 옥인동이 아니라 '누하동'이다. 주소로는 누하동 176번지, 이상범이 살던 집 바로 이웃이었다. 당시 누하동, 필운동 등 옥인동 지역은 보통 통칭해서 '옥인동'이라 부르기도 하고 간단히 '옥동玉洞'이라 하기도 했다. 이런 이유로 많은 애호가들이 여전히 '옥인동에 살던 천경자'로 기억하고 있는 것이다. 기실 천경자가 그 집에서 산 것은 1962년부터 1970년까지 9년밖에 되지 않는다. 화가로서의 터를 잡게 되는 중요한 시기를 주로 서촌의 옥인동 지역에 살았기 때문에 '천경자'와 '옥인동'이 자주 붙어 다니는 것이다. 그만큼 천경자에게 옥인동은 의미 있는 공간이었다.

늦가을 하늘 맑은 날, 천경자가 살던 집을 찾아 서촌 누하동을 찾았다. 근래에 많은 젊은이들의 관심을 받아 화제가 되고 있긴 하지만 사실 이쪽 지역의 특징인 문화유산에 대한 관심이 크게 늘었다고 보기는 어렵다. 그저 오래전 조선시대 모습과 근대, 그리고 현대가 복합적으로 어우러진 환경을 좋아하는 것일 뿐이다. 게다가 이들을 맞이하는 지자체의 대응도 그리 문화적이지는 않다.

천경자가 살았던 집이라면 한국 문화사에서 매우 중요한 곳임에도 미리 정보를 가지고 가지 않으면 찾기가 그리 쉽지 않다. 보통 천경자가 살았던 곳은 '이상범의 집 옆'이라 알려져 있다. 그런데 이상범의 집조차 친절하게 안내하는 팻말 하나 제대로 없다. 골목 건너편에 조그만 안내판이 하나 서 있지만 그나마도 가로수에 가려 잘 보이지 않는다. 물론 천경자가 살았던 한옥에 관해서는 아무런 표지도 없다.

찾아올 때마다 늘 느끼는 그런 쓸쓸함을 뒤로 하고 애써 다시 찾았다. 놀랍게도 천경자의 집은 예전 모습이 아니었다. 얼마 전까지만 해도 한옥의 외관만은 옛 모습 그대로여서 '옥인동에 살던 천경자'를 돌이킬 수 있었는데, 어느새 집을 헐어내고 새 집을 짓고 있었다. 놀라웠다. 그래도 한국 미술사를 대표하는 화가 중 한 명인 천경자의 집이고 이상범의 집과 어울려 있는데 이렇게 쉽게 부숴버릴 수 있는 것일까? 종로구는 이렇게 집이 없어지도록 내버려 두어도 괜찮은 것일까? 별별 의문이 다 들었다.

이제는 돌이킬 수도 없는 상황이 되었으니 우리나라의 문화유산 보호정

• 천경자가 살던 한옥 •• 새로 건축 중인 천경자 한옥

책이 원망스럽기만 했다. 이제 이 동네에서 천경자의 흔적을 추억하는 일은 불가능해졌다. 하기야 이 일뿐이겠는가? 근처에 살았던 구본웅 집도 그렇고, 노수현, 박승무 등 많은 미술인들의 삶의 흔적조차 남아 있는 곳이 거의 없으니 어쩌겠는가.

천경자에게 누하동 살던 시절은 정신적으로 가장 여유롭고 낭만적 감성이 흐르던 시절이었다. 이때 그린 그림들은 서정적인 감성이 가득하고 여성적 부드러움이 넘쳐흐른다. 서울에 올라와 자리를 잡지 못하다 처음으로 자신의 집을 갖는 등 마음의 안정을 찾아 자유로운 화풍을 보이게 된 듯하다. 삶의 여유가 인간의 아름다운 순간을 그리게 하고 삶의 긍정적인 모습을 표현하게 한 것으로 보인다. 특히 뱀을 형상화한 〈사군도蛇群圖〉(1969) 같은 그림은 예전에 그린 〈생태〉와 비교해 봐도 작품에 얼마나 많은 변화가 있었는지 짐작하게 한다.

가족의 행복한 모습을 그린 〈환歡〉은 누하동에 정착하며 비교적 안정된 삶을 살게 된 데서 비롯된 작품으로 보인다. 그동안 지나치게 운명적인 슬픔에 갇혀 있던 정서가 환경의 변화에 따라 자유로운 상태로 치환된 것으로 보인다. 마음의 평화를 찾은 그는 이곳에서 많은 동료 화가들과 가까이 지냈다. 이상범과는 이웃하여 살았고, 노수현이나 박승무 같은 화가들과도 자주 소통하며 지냈다. 나중에 '모던아트협회' 활동을 함께하는 한묵과도 가까운 곳에 살며 우정을 나눴고, 품성이 천진난만했던 서양화가 이규상李揆祥(1918~1964)과도 벗하며 지냈다.

자존감 강했던 예술가의
치열한 삶

천경자의 활동 중 빼놓을 수 없는 것이 글과 삽화다. 매우 감성적인 성격에 글재주를 타고났던 그는 수필 같은 글을 많이 썼고 그에 어울리는 정겨운 삽화도 많이 그렸다. 주로 《신태양》, 《여상女像》, 《여성동아》 같은 잡지에 연재했는데, 인기가 많아 수입도 좋은 편이었다. 이 글과 그림은 책으로 엮어져 베스트셀러가 되었다. 1969년에는 유럽과 남태평양을 여행했다. 이때의 경험을 바탕으로 그린 작품들은 그의 미술세계에 큰 흔적을 남겼다. 1972년에는 여성화가로서는 특별하

천경자, 〈환歡〉(1962)

〈천경자 꿈과 정한의 세계〉(호암미술관, 1995)

게 베트남전 종군화가단에도 참여하여 예술가로서의 용기를 보여주기도 했다. 1974년에는 아프리카도 여행했다.

천경자는 1990년대까지 세계 각국을 여행하며 느낀 감상들을 신문과 잡지에 연재했다. 연재글에 이국적인 풍물화도 그려 넣었는데 많은 애호가들에게 선풍적인 인기를 끌었다. 그림이 인기 있고 계속 관심의 대상이 되었던 것은 자전적인 이야기를 자신만의 독특한 화법으로 그리는 독자적인 양식을 확립했기 때문이다. 전통적 한국화의 범주에서 벗어나 서양 미술과 일본 미술의 기법을 적절히 융화시켜 자신만의 새로운 영역을 개척한 점도 인기에 보탬이 되었다.

근래에 작지만 무척이나 매력적인 천경자의 삽화 한 점을 보았다. 1969

천경자의 삽화
《여상女像》(1965년 5월)

년 후반 잡지 《여상女像》에 연재하던 〈아뜰리에의 여백〉에 쓴 수필에 곁들였던 삽화다. 누하동 시절에 작업한 그림으로, 한 여인이 거울을 보며 눈가의 화장을 정리하는 모습이다. 화장을 끝내면 이제 막 밖으로 나설 참이다.

이 그림을 보고 있자니 거울을 보고 있는 여인이 바로 화가 천경자가 아닐까 하는 생각이 든다. 글과 그림이라는 것도 남에게 보여주기 위한 것인데, 거울을 보며 화장하고 남 앞에 나서는 여인의 모습과 조금도 다를 것이 없다는 생각이 들어서다. 이리저리 단장하고 남에게 반듯하게 보이려는 여인의 모습을 보며, 유난히 자존심이 강했던 화가 천경자의 모습을 다시 한번 생각한다.

월북한 화가 정종여와
석굴암의 인연

누하동 청전화숙과
제자들

일제강점기 한국 동양화단의 중심이었던 서화
미술회는 광화문 백목다리 근처에 있었고, 화단의 중추 이상범은 서촌 누
하동에 살며 화숙을 냈었다. 이러한 연유로 근대 동양화가들은 한 세대를
이어 서촌 일대에 모여 살았다.

그중에서도 이상범은 조선미술전람회가 창설되자 두각을 보이며 심사
에 참여하는 등 한국 최고 작가 반열에 오른다. 동양화부의 심사 참여는
다섯 명이었는데 한국 사람은 김은호와 이상범 둘뿐이었다. 이상범의 그
림이 당대 최고의 미술 작품이었는지에 대해서는 이견이 많았다. 당시 별
명이 '천편일률'일 정도로 작품에 대한 부정적인 평가도 적지 않았다. 하

지만《동아일보》에 근무하고 조선미술전람회 심사 참여에 오르자 재빨리
'청전화숙'이라는 개인 미술학습소를 경영한 것은 미술계에서 그의 위세
가 대단했음을 보여주는 것이다.

이상범의 위세가 커질수록 많은 화가들이 모여들었다. 이미 김은호가
북촌 지역 와룡동에 화숙 '낙청헌'을 세워 많은 제자들을 거느리고 조선
미술전람회를 휩쓸고 있었다. 후발 주자인 '청전화숙'은 '낙청헌'과 라이
벌 관계를 형성하며 조선미술전람회의 등용문이 되었다.

이러한 화숙 문화는 훗날 한국 미술대학의 태동에 중요한 역할을 한다.
낙청헌은 서울대학교와 이화여자대학교 미술학과의 뿌리가 되었고, 청
전화숙은 홍익대학교 미술학과의 주춧돌이 되었다. 이 두 화숙은 한국 근
현대 미술계의 라이벌 구조를 만드는 원류가 된다.

오사카미술학교에서
유학한 정종여

청전화숙에 드나들며 이상범의 대표적인 제자
가 된 청계靑谿 정종여鄭鍾女(1914~1984)는 당시 일본 유학 중이었다. 일본
오사카미술학교에 다닌 그는 한국에 와서는 이상범의 화숙에 드나들었
다. 자신이 추구하던 신남화와 이상범의 그림 세계가 같은 의식을 담고
있다는 판단에 교류를 결심한 듯하다. 또한 일본 유학 중에 일본에 만연
한 화숙 문화를 보고 한국에서 가장 세력이 큰 화숙에 속하려는 마음도
있지 않았을까 싶다. 여하튼 그는 통의동에 거처를 마련하고 청전화숙에
드나들며 이상범의 제자로 활동한다.

정종여는 1914년 경남 거창에서 비교적 부농이던 집안의 3남1녀 중 맏아들로 태어났다. 1922년 거창공립보통학교에 입학했는데, 매사에 적극적이고 활달한 성격이었으며 노래와 운동에도 두루 뛰어났다. 특히 어릴 때부터 그림에 남다른 재능을 보였다. 꽃과 새, 나비, 닭 등 주위의 사물을 세밀하게 그린 그림이 너무도 생동감이 넘쳐서 주변 사람들과 선생을 놀라게 했다. 그러나 집안에서는 그림 그리는 것을 못마땅하게 생각했다고 한다.

1929년 보통학교를 졸업할 때쯤 집안 형편이 어려워지자 잡화상점이나 개인 병원에서 잔심부름을 하는 등 어린 나이에 집을 나와 독립해서 생활하기 시작한다. 갈 곳이 없게 되자 절에 들어가 생활하다가 합천 해인사海印寺 주지의 도움으로 일본 유학을 떠난다. 정종여는 일본으로 건너가서도 자전거와 전구 알 만드는 작은 공장에 들어가 일하면서, 야간에 인물 초상 그리는 법 등을 배운다.

정종여는 1933년이 되어서야 오사카미술학교 일본화과에 입학한다. 그가 오사카미술학교를 선택한 것은 교장이던 남화가 야노 교우손矢野橋村(1890~1965) 때문이었다. 야노 교장은 뛰어난 재주를 보이는 어려운 제자가 있으면 집에 들여 특별히 지도할 정도로 인품이 훌륭했다고 한다.

정종여는 미술학교를 다니며 당시 일본 화단의 신사조인 '신남화'에 깊이 빠져든다. 신남화는 전통적인 일본의 남화에 서구 화풍을 접목한 것으로 매우 현실적이고 감각적인 화법을 구사한 그림이었다. 정종여의 그림이 비슷한 길을 걸으며 공부했던 이응노李應魯(1904~1989)의 작품과 닮은 것도 두 사람의 지향점이 유사했기 때문이다.

한국을 오가며 참여했던 청전화숙에는 배렴, 심은택沈銀澤(1887~1948) 등 뛰어난 문하생들이 많았다. 이들은 대부분 이상범의 화풍을 그대로 답습했다. 그러나 정종여는 화숙에 드나들긴 했지만 이상범의 영향을 많이

• 정종여, 〈지리산 풍경〉 •• 유학 시절 정종여의 모습

유족 소장

받지는 않았다. 이미 일본에서 배운 신남화의 영향이 컸기 때문으로 보인다. 그럼에도 계속해서 청전화숙과의 관계를 유지하려 했던 것은 청전화숙의 힘이 강해서였던 것으로 보인다.

청전화숙에 다니면서도 한편으로는 스승과 경쟁 관계에 있던 김은호 문하의 김기창, 박래현, 이석호李碩鎬(1904~1971) 등과도 친밀한 인간관계를 유지한 것을 보면 정종여의 성품 자체가 매우 친화적이었던 듯하다.

조선미술전람회 적극 참여 등
화단 활동

정종여는 조선총독부가 창설한 조선미술전람회에 꾸준히 출품하며 화가의 길을 걷는다. 보통 유학파들은 선진적인 미술을 배워왔다는 생각에 국내에서 공부한 화가들과 수준 차이가 난다면서 출품하지 않았다. 반면 정종여는 그런 생각이 비교적 적었다.

정종여는 1935년에 처음 출품한 후 1938년에 〈3월의 눈〉이라는 작품으로 특선을 한다. 이듬해 열린 조선미술전람회에서도 〈석굴암의 아침〉으로 연이어 특선을 차지하며 주목을 받는다. 이후 1944년 23회로 전람회가 끝날 때까지 꾸준히 작품을 출품한다. 그는 장우성, 배렴, 정말조鄭末朝(1904~?) 등과 함께 조선미술전람회 말기를 장식한, 가장 활동이 많았던 동양화가 중 한 명이었다.

정종여가 열성적으로 미술 활동을 한 때는 공교롭게도 태평양전쟁이 한창이던 시기였다. 일제는 화가들에게도 창씨개명을 강요하고 시국에 어울리는 그림 그리기를 종용했다. 일본에서 공부하여 일제에 저항하려는 의지가 강하지 못했던 탓인지, 정종여는 일제의 요구에 따라 전시체제의 시국을 반영하는 작품을 조선미술전람회에 출품했다. 1943년 제22회전에는 〈호국금강공명왕〉이라는 작품을, 이듬해 제23회전에는 〈수송선을 기다리다〉라는 그림을 출품하여 입선하는데, 모두 시국을 반영한 작품들이었다. 1943년에는 퇴임하는 미나미 지로南次郎(1874~1955) 조선총독에게 산수화를 기증하고, 1944년에는 일제 군국주의의 전쟁상을 찬양 고무하고 황국신민의 영광을 고취하기 위한 '결전미술전람회決戰美術展覽會'에 참여해 일본화부에서 〈상재전장常在戰場〉으로 특선을 차지한다. 1945년 전쟁 막바지에는 강화군수의 요청으로 태평양전쟁 출정자와 입영자에게 증정하기 위한 〈수호관음불상〉 1,000매를 제작한다. 이러한 경력은 훗날 그가 친일미술인으로 낙인찍히게 되는 결정적인 증거로 남는다.

정종여, 〈한강낙조〉(1942)
국립현대미술관 소장

해방공간의
정종여

　　　　　　　해방을 맞은 정종여는 성신여자중학교, 배재중학교 등에서 미술교사로 재직했다. 그는 이 시기에 고희동 중심의 우익 성향이 강한 단체인 조선조형예술동맹과 김주경金周經(1902~1981)을 중심으로 한 좌익 단체인 조선미술동맹에서 모두 활동한다. 조선미술동맹은 1947년 초부터 좌익 예술인들에 대한 검거가 시작되면서 활동이 점차 위축되었다. 1948년 정부 수립 이후 좌익 문화인들의 사상 전향을 강제하기 위해 국민보도연맹을 설치하고 좌익 미술단체에서 활동했던 미술인들이 매주 1회 반공포스터 가두 전시회를 여는 등 사상 교육을 받게 되자, 좌익 활동은 더욱 어렵게 된다. 보도연맹에는 정종여와 뒤에 월북한 이쾌대, 배운성裵雲成(1900~1978), 최재덕, 김만형金晚炯(1916~1984), 정현웅 등이 있었다.

　1950년 6·25전쟁이 발발하고 서울이 점령되자 그동안 지하에 잠적해 있던 좌익 미술인들이 조선미술동맹을 재건한다. 이때 정종여도 여기에 가담했다. 공산 치하에서 미술동맹의 회원들은 김일성, 스탈린 초상화와 각종 포스터 등을 그린다. 9·28수복이 되자 미술동맹의 주동자들은 대부분 월북했다. 정종여도 이 무렵에 북으로 갔다.

　마침 당시 정종여와 이쾌대의 활동을 기록한 미술사가 김복기의 귀중한 증언이 있어 소개한다.

　서울이 점령되고 며칠 후 좌익 미술가들이 단체를 만들어 참석하라고 종용했어요. …… 마침 모임의 명칭을 결정하는 등 논의가 분분한 날이었어요. 이북 실정을 설명하기도 하고……. 그날 오고간 말 중에 기억나는 게 있습니다. '미술인은 미술만 하고 정치에는 관여하지 말자. 작품을 통해 정치에 참여하는 거다'라고 정종여가 말하더군요. 그러니까 옆에 있던 이쾌대가 '미술인이라고 정치 못 할 일이 뭐 있나?'고 하는 것이었어요.

정종여와 이쾌대, 당시 동양화와 서양화 부분을 대표할 만한 두 사람의 미술과 정치에 대한 사고의 차이가 엿보인다. 유족 중 딸이 그때의 상황을 전하는 증언도 있다.

그해 6월 26일이 남동생 생일이었어요. 아버지는 전람회 관계로 부산에 내려가 계시다가 생일 때문에 25일 상경한 거지요. 당시 다른 화가들처럼 부산에 있었더라면 북으로 가지 않아도 되었을 거예요. 9·28수복 며칠 전이었어요. 좌익 활동을 하다가 수감돼 있다가 6·25전쟁이 발발하자 감옥에서 나왔던 후배 동양화가 이건영 씨와 인민군 2명이 와서는 아버지를 데리고 간 겁니다. 그리고 그 뒤에 친척을 통해 들은 사실이지만 삼선교 부근에서 아버지를 만났는데 북행 대열에서 여러 사람들과 같이 걸어가더라는 거예요. 아버지 같은 위치의 사람이 월북을 자청했더라면 그렇게 걸어서 갔을까요?

정종여의 월북 상황에 대한 생생한 이야기다. 이런 여러 상황을 종합해 보면 정종여의 월북 동기는 사상적·정치적 이념과는 거리가 있어 보인다. 그의 작품 경향이나 교우 관계를 종합해 볼 때에도, 그가 사회주의를 깊이 신봉했다고 생각되지는 않는다. 물론 정종여는 해방 직후 민족미술

2

의 건설과 일제 잔재 청산이라는 과제 앞에서 새로운 조형 이념과 방법을 모색했다. 그러나 이러한 생각이 그를 북으로 가게 했을지는 좀 더 시간을 두고 구체적으로 연구해야 할 과제다.

정종여의 작품세계와
석굴암과의 인연

　　　　　　　　　정종여의 작품은 전통적 남화를 새롭게 해석하여 '신남화'를 실현하는 데 목표가 있었다고 해도 과언이 아니다. 그가 남긴 작품들도 이러한 경향이 강하다. 조선미술전람회에 출품한 작품도 그렇거니와 그의 다른 그림들을 봐도 그렇다. 그가 공부한 오사카 지역은 일본의 양대 화파畫派 중의 하나인 '교토화파'의 주요 거점이었다. 교토화파의 대표적인 내용이 '남화'와 '역사화'다. 그러니 '새롭게 해석된 남화'와 '신선한 감각의 역사화'가 그의 대표작이 되리라는 것은 보지 않아도 쉬이 알 수 있다.

　이런 정종여의 미술 의식을 보여주는 작품 중 하나가 1940년 제19회 조선미술전람회에 출품하여 두 번째 특선을 한 〈석굴암의 아침〉이다. 이 작품은 당시 많은 호평을 받았다. 마침 이 작품을 둘러싼 몇 가지 자료가 남아 있다.

　〈석굴암의 아침〉은 복원된 '석굴암 본존불'의 모습을 그린 것이다. 불상의 왼편 앞부분에 서서 약간 올려다보는 시선으로 그렸다. 불상의 앞에 놓여 있는 두 개의 촛불이 일렁이며 부처의 주위를 비춘다. 내부 석벽의 조각이나 질감의 표현 또한 자연스럽다. 석굴암의 매력적인 순간을 잘 포

정종여, 〈석굴암의 아침〉(1940)

착하여 그린 그의 대표작이다.

이 작품은 정종여가 경주를 사생 여행할 때의 경험과 그때 얻은 소묘를 바탕으로 그린 그림이다. 그가 경주를 찾은 것은 1939년 무더운 여름날이었다. 동료 화가 목랑木朗 최근배崔根培(1910~1978)와 함께였다. 둘 다 일본 유학파로 서로 친했던 데다, 당시 석굴암 가는 길이 미술인들 사이에서 일종의 성지순례나 다름없었기 때문이다. 특히 역사화를 전문으로 하는 화가들에게 석굴암은 꼭 찾고 싶은 명소였다.

이 그림을 그리던 시기에는 많은 일본인과 한국인들이 경주 불국사와 석굴암을 찾았다. 1920년대에는 일본의 정치계 거물이나 군인들이 주로 찾았고, 1930년대에는 일본 미술인들이나 명사들이 많이 찾았다. 1930

정종여, 〈토함산 소견〉(1939)

년대 후반 석굴암 관광이 절정에 이르자 토함산 꼭대기로 손님을 실어 나르는 가마가 등장하기까지 했다.

당시 석굴암 앞에 있던 절 석불사는 석굴암 관리를 맡고 있었다. 저명 인사들이 방문하면 방명芳名을 받거나 그림을 청하곤 했다. 문인이나 명사들이 방문하면 좋은 명구나 시구를 적었고, 화가들은 그림을 남겼다. 이때 남겨 놓은 서화첩과 방명록이 여럿 전한다.

한국인 중에는 시인 파인巴人 김동환金東煥(1901~?)과 서지학자 학산鶴山 이인영李仁榮(1911~?)을 비롯한 몇몇 문인, 학자들의 필적이 먼저 눈에 띈다. 미술인 중에는 역사화를 잘 그린 이여성이나 이상범의 아들 이건영 등 월북 미술인이 글씨를, 정종여·최근배·김용조金龍祚(1916~1944) 등이 그림을 남겼다. 정종여와 최근배는 석굴암에서 내려다본 토함산의 모습을 그렸고, 김용조는 금강역사의 모습을 간단하게 그렸다.

정종여의 〈토함산 소견〉은 석굴암에서 토함산을 내려다보는 정경을 시야를 넓게 하여 호방하게 그린 그림이다. 1939년 기묘년 여름에 그렸다는 기록이 남아 있다. 당시 일본에서 유행한 몰골법을 중심으로 산뜻하게 그린 신남화의 경향을 보여준다. 맑은 화면이나 감각적인 붓 선에서 정종여의 필체가 자리잡아가고 있음을 느낄 수 있다.

당시 정종여의 경주와 석굴암 방문은 다음 해에 있을 조선미술전람회에 출품할 작품을 구상하기 위한 여행으로 보인다. 그는 이때 얻은 석굴암 스케치를 바탕으로 작품을 완성했다. 바로 〈석굴암의 아침〉이다. 이 두 작품 사이의 행간을 읽으면 그 시절의 모습이 눈에 선할 만큼 생생하다. 이러한 노력이 정종여에게 연이은 특선을 안겨주었을 것이다.

죽은 정종여가 살릴
한국 근대미술사

　　　　　　　　정종여의 작품은 생각보다 많이 남아 있다. 유족이 남쪽에 있고, 소장가 손에 있는 것도 꽤 된다. 다작이라 할 수는 없지만 연구자들에게는 반가울 만큼 많은 양이다. 필자는 늘 정종여 연구가 더 진척되어야 한국 근대미술사가 한층 풍성해질 수 있다고 말한다. 다른 월북 작가들의 작품이 지나치게 적어 전모를 알기 어려운 데 비해 정종여만큼은 연구하기에 별 어려움이 없다. 이런 점에서 월북 작가 중 한국 근대미술사 연구에서 가장 중요한 작가가 정종여라 할 수 있다.

　문제는 정종여가 지니고 있는 복잡한 '디아스포라Diaspora적 삶'이다. 그는 한국에서도 또한 일본에서도, 그리고 남북 분단 후 북한에서도 승승장구한 화가다. 또한 일제강점기의 저항과 순응, 해방공간의 좌익과 우익, 남한과 북한의 이념 대립과 같은 굴곡의 역사 속에서 정체성을 찾지 못한 복잡한 인물이기도 하다. 이런 복잡한 인생 때문에 월북 작가에 대한 연구의 성패는 정종여 연구에 달려 있다 해도 과언이 아니다. 더 늦기 전에 정종여 미술세계의 전모를 파악하는 작업이 이루어지길 기대해본다.

소년 천재화가로 각광받은
이봉상

14살에
조선미술전람회 입선

일제강점기 인왕산 필운대 아래 누하동 오거리 근처에는 화가들이 여럿 살았다. 집을 나와 걷다보면 길가에서 동료 화가들을 만나기 일쑤였다고 한다. 이상범의 집 바로 앞에는 천경자가, 그 집 앞 오거리 주변에는 구본웅이 살았고, 한묵과 이봉상李鳳商(1916~1970)도 바로 근처에 살았다.

이봉상은 서울 출신으로 종로구 운니동에서 태어나 수송동에 있는 경성사범부속보통학교를 다녔다. 이 학교에서 담임 교사였던 오가타 도쿠사부로緖方篤三郎라는 선생의 각별한 사랑과 도움으로 유화를 그리기 시작한다. 5학년 때에는 당시 조선미술전람회에서 이름을 떨쳤던 손일봉孫一

峰(1906~1985)이 미술교사로 와 이봉상에게 많은 영향을 끼쳤다. 손일봉의 지도로 일취월장한 이봉상은 1929년 6학년 때 조선미술전람회 서양화부에 〈풍경〉이라는 작품을 출품, 입선하여 '천재의 탄생'이라는 극찬을 듣는다. 이때 그의 나이 14살이었다. 나이 어린 보통학교 학생이 어른도 번번이 떨어지는 조선미술전람회에서 상을 받았으니 화제가 될 만했다.

보통학교 졸업 후 경성사범학교에 지원했으나 실패한다. 당시 경성사범은 조선총독부에서 등록금을 지원해주고 졸업하면 보통학교 교사로 발령을 내기 때문에 많은 사람들이 지원하여 입학이 쉽지 않았다. 낙방은 슬픈 일이었으나 재수하는 도중에 좋은 일도 있었다. 보통학교 시절 선생님의 소개로 유명한 일본인 화가 미키 히로시三木弘가 운영하는 미술연구소에 들어가 배우게 된 것이다. 미키 히로시는 이과전 회원으로 독특한 화풍을 지닌 화가였다. 그는 이듬해 무난히 경성사범에 입학한다.

그는 재수 중에도 그림을 그려 제9회 조선미술전람회에 출품해 연거푸 입선에 든다. 그뿐 아니라 같은 해에 서화협회전에도 가장 나이 어린 소년 화가로 2점을 출품하여 일제하의 화단에서 '천재적인 화가' 소리를 듣는다.

재수 끝에 경성사범에 입학한 이봉상은 이 학교에서 또 한 명의 스승을 만나 화가로서의 실력을 키워나간다. 당시 경성사범에서는 후쿠다 토요키치福田豊吉라는 뛰어난 화가가 있었다. 후쿠다 토요키치는 교육에 대한 열정이 강해 이미 손일봉, 윤희순 등 여러 한국인 학생들이 화가로 성장하는 데 많은 도움을 준 인물이었다. 이봉상 또한 후쿠다 토요키치의 도움으로 제10회, 제11회, 제12회, 제14회, 제15회, 제16회 조선미술전람회에 입선하여 어린 나이에 가장 많이 입선한 화가로 명성을 얻었다. 제15회 미전에 출품한 〈폐적廢蹟〉이라는 작품은 특선에 들어 더욱 화제가 되었다. 또한 이 해에 일본에서 열린 문부성 전람회에도 입선하여 각광을 받았다.

• 미술실에서의 이봉상 •• 이봉상, 〈인왕산이 보이는 풍경〉
《이봉상화집》(한국문화사, 1972) | 《제12회 조선미술전람회도록》(1933)

천재 소년의
교사 시절

경성사범 5년과 연수과 2년을 마친 후 이봉상은 1938년 23살 때 경성에 있는 정동소학교에 교사로 부임한다. 이때쯤 학교에서 멀지 않은 누하동으로 이사한 듯하다. 이후 그는 세상을 떠날 때까지 누하동에 살았다. 그는 교사를 하며 계속 조선미술전람회에 출품해서 1937년부터 제17회, 제18회, 제19회에 연거푸 입선한 뒤 화가로서의 성공을 위해 큰 결심을 한다. 학교를 그만두고 미술공부를 위해 일본으로 건너간다. 바로 그해 가을에 문부성 전람회에 〈조선의 풍경〉이라는 작품으로 입선을 했다.

하지만 이봉상은 일본에서의 생활을 1년 만에 그만두고 돌아와 경성여자사범학교에 촉탁으로 근무한다. 이때 재선在鮮 일본인 화가들과 '창룡사蒼龍社'라는 미술단체를 만들어 조지야丁字屋 화랑에서 전시회를 여는 등 열정적으로 활동한다. 그러는 도중 중등학교 교원 자격을 얻고, 1943년 제22회 조선미술전람회에서도 2점을 출품하여 입선한다.

해방이 되고 일본인들이 돌아가자 그는 서울에 있는 중동중학 미술교사로 취직했다가 경동고등학교로 이직하여 1950년까지 교사 생활을 한다. 조선미술협회 상임위원으로 활동하며 협회전에도 작품을 출품한다.

6·25전쟁이
일어난 후의 활동

6·25전쟁으로 피난 간 부산에서는 이중섭, 장욱진, 손응성孫應星(1916~1979), 이규상, 한묵, 백영수 등 동년배 친구들이 생활 방책을 강구하며 우왕좌왕하고 있었다. 이봉상은 박고석, 손응성, 김병기 등과 유난히 친하게 지냈다. 너나없이 힘든 시절 그는 초상화를 그려 팔면서 힘든 시절을 이겨나갔다.

전쟁 중 마침 종군작가단이 만들어지자 많은 화가들이 참여했다. 이봉상도 종군했는데 군복을 입은 그의 모습이 가관이었다고 전한다. 친구 박고석의 증언에 따르면, 키가 작고 왜소한 이봉상이 작업복 위에 미군 장교 코트를 걸치고 일본 병정처럼 전투모를 쓴 모양이 마치 가짜 패잔병 같았다고 한다.

전쟁이 끝난 후 이봉상은 미술단체에도 적극적으로 관여하여 '50년 미협', '기조전其潮展', '창작미협創作美協', '신상회新象會', '구상회具象會' 등의 창립에 가담했다. 또한 미술교과서 편찬과 비평 활동에 적극적으로 참여하면서 후진 양성에도 앞장섰다. 1952년 이화여자대학교에 출강하기 시작하여 서라벌예술대학에서 강의했으며, 1953년부터 1966년까지 홍익대학교 교수로 재직했다. 1954년부터는 대한민국미술전람회의 추천작가와 초대작가를 거쳐 심사위원을 지내며 미술계의 중심인물로 자리잡는다.

이봉상, 〈자화상〉(1955)

《이봉상화집》(한국문화사, 1972)

과감한 구성에 화려한
색채로 높은 격조

이봉상은 어려서부터 조선미술전람회에서 최연소 수상하여 화제가 되었고 작품의 수준도 뛰어나 늘 최고의 위치에 있었다. 그런 만큼 작품 제작이나 미술계 활동에도 적극적으로 참여했다. 하지만 이상하게 이중섭, 유영국 같은 동년배 화가들에 비해 많은 주목을 받지 못한다.

이상할 정도로 이봉상이 관심을 받지 못한 데에는 몇 가지 이유가 있는 듯하다. 먼저 사범학교를 졸업하고 바로 교사 생활을 시작하여 생활에 어려움이 없었고, 어린 나이에 큰 어려움 없이 화단에 자리잡아 무난한 삶을 살았다는 점을 꼽을 수 있다. 성격 또한 매우 원만하여 미술가임에도 특이한 기행을 일삼지 않아 남의 눈에 두드러지게 보이지 않은 탓도 있을 것이다.

그러나 작품만은 누구 못지않은 빼어난 경지에 올라 있다. 해방 전 조선미술전람회를 중심으로 활동할 때에는 주로 사실주의에 입각한 인상파 화풍을 바탕으로 관전풍의 그림을 그렸다. 빛에 노출된 자연 풍경이나 인물이 주요 소재였다. 이는 그의 전형적인 작품 경향이 되었다.

해방이 되자 그의 작품은 새롭게 바뀐다. 1950년대에는 야수파를 연상시키는 대담한 붓질과 화려한 색채로 표현주의적인 성향을 보이기도 하고 추상적 화풍을 보이기도 했다. 하지만 역시 그의 특장은 구상성에 있었다. 그의 작품에는 남다른 기세와 품격이 있다. 구성은 과감하면서도 작은 것에 얽매이지 않으며, 색채는 화려하면서도 높은 격조를 보인다.

1950년대는 누구에게나 힘겨운 시절이었다. 화가들 역시 캔버스나 물

• 이봉상, 〈역광〉(1957)　•• 이봉상, 〈아침〉(1962)

《이봉상화집》(한국문화사, 1972)

감을 구하기 어려웠다. 그래서 망가진 미군부대의 천막을 구해 크기대로 잘라 캔버스로 묶어 사용했는데, 한때 이런 캔버스를 '이봉상 캔버스'라 부르기도 했다.

1960년대에 이봉상은 주로 나무와 수풀, 산과 새, 달 등 자연적인 소재에 한국적인 내용을 가미한 주제를 즐겨 다뤘다. 화면도 중후한 마티에르와 양식화된 구상세계를 선보였다. 점차 설화적 소재를 도입하면서 추상성이 강조되는 방향으로 나아간다. 흰색으로 두터운 바탕을 먼저 만든 뒤 그 위에 이미지를 구성하는 기법도 선보였는데, 이러한 면모는 구상 계열의 후배 작가들에게 많은 영향을 끼친다.

이봉상은 비교적 과작이라 남아 있는 작품이 적은 편이다. 아쉬운 일이지만 작품세계를 평가하기에는 그런대로 모자라지 않은 양이다. 그림의 구성이나 기교 어느 하나 다른 이에 뒤지지 않는다. 기품 있는 색감과 다감하게 다가오는 화면의 질감은 높은 격조를 보인다. 그런 면에서 이봉상은 김환기, 이중섭, 유영국 못지않은 뛰어난 작가라 할 만하다.

필운동과 사직동 부근

근대 조각의 선구자
김복진

'옥동패'의 축이었던
유일한 조각가

한국 최초의 근대적 의미의 조각가인 정관井觀 김복진金復鎭(1901~1940)은 서촌 지역에서 거주하거나 활동했던 중요한 작가 중 한 명이다. 그는 행인 이승만이 중심이 되어 어울렸던 '옥동패'의 큰 축을 담당했다.

동양화나 서양화를 전공한 친구들과 달리 김복진은 조각을 전공했다. 후에 서촌 지역에 조각에 뜻을 둔 이들이 모여든 건 김복진이 그 곳에 살고 있었기 때문이다. 당시 사직공원 앞에 거주하던 그는 근처 옥인동 이승만의 집에 자주 드나들며 화단의 중심인물들과 교류했다.

김복진은 충북 청원의 팔봉산 기슭에서 태어났다. 서울로 올라와 배재고등보통학교를 다녔는데, 문학에 관심이 많고 독서열이 강했다. 1920년 고보를 마치고 뜻한 바 있어 일본으로 건너간다. 본래 정치에 뜻을 두어 메이지대학 법학과에 들어가려 했으나 시험에 낙방했다. 그래서 선택한 곳이 도쿄미술학교였다.

김은호의 기억에 따르면, 김복진은 법학과에 낙방하고 우에노 공원 근처에 있는 미술관에서 우연히 일본미술원전람회를 구경하게 되었다고 한다. 그곳에서 석고에 채색을 한 〈노자〉라는 조각 작품을 보고 감동하여 조각을 전공하겠다는 결심을 한다. 이때 그의 아우 김기진金基鎭(1903~1985)이 함께 있었는데, 두 사람은 공원 의자에 앉아 한참 토론한 후 도쿄미술학교 조각과에 입학하기로 결정했다고 한다.

당시 일제는 한국의 젊은이들이 정치나 경제를 전공하는 것을 은근히 꺼려했다. 식민지 경영에 위험한 사상이라 생각했기 때문이다. 대신 미술을 택해 일본에 유학하면 입학시험 면제라는 특혜를 주었다. 이를 '선과選科'라 했다. 그러나 곧 선과가 폐지되고 한국인도 본과 시험을 치러야 입학할 수 있게 되었다. 김복진은 1920년 선과로 도쿄미술학교 조각과에 입학한다.

미술학교에 입학했으나 김복진이 주로 관심을 가졌던 분야는 연극이었다. 그는 방정환, 박승희朴勝喜(1901~1964) 등과 함께 열심히 연극을 구경하러 다녔다. 1923년에는 박승희, 이서구 李瑞求(1899~1982), 김명순金明淳(1896~?), 이제 창, 김기진 등과 함께 한국 최초의 연극 단체인 '토월회土月會'를 창설한다. 이승만, 이제창 등과 '토월미술연구회'를 조직하고, YMCA 정칙正則강습원

김복진

에 미술연구소를 개설했으며, 박영희朴英熙(1901~?), 김기진 등과 좌익 예술단체인 '파스큐라PASKYURA'를 조직하기도 했다.

김복진은 작품 활동에도 힘을 기울여 1924년 제5회 제국미술전람회에 〈나상裸像〉이라는 작품을 출품해 입선한다. 한국인으로 조각 부문에 입선한 것은 김복진이 처음이었다. 로댕의 〈이브〉라는 작품에서 모티브를 얻어 제작한 작품이었는데, 너무 몰두한 나머지 건강을 해쳐 각기병을 얻기까지 했다고 한다.

김복진은 1924년 도쿄미술학교를 졸업하고 돌아와 모교인 배재고보의 미술교사로 재직한다. 이듬해에는 조선프롤레타리아예술동맹KAPF 창립에 주도적인 역할을 했다. 결국 카프 활동으로 구속되어 5년 8개월의 옥고를 치렀는데 이때 붙잡힌 곳이 이승만의 옥인동 집이었다. 출옥한 후에는 1930년부터 《조선중앙일보》 학예부장으로 일을 시작한다.

그는 미술비평에도 많이 관여했다. 그의 날카로운 비평은 작가들과 척을 지는 원인이 되기도 했다. 한번은 조선미술전람회 출품자들과 함께한 자리에서 나혜석과 논쟁하다가 다투기까지 해서 많은 미술인들 사이에 화제가 되었다. 석영石影 안석주와 함께 쓴 〈서書와 화畵의 분리〉나 〈미술의 사회성과 시대성〉 같은 평론 때문에 선배, 동료들과 문제가 생기기도 했다. 이 사건으로 이도영, 고희동, 최우석 같은 선배 세대 화가들과 사이가 좋지 않았다.

조선미술전람회에
적극 참여

　　일본의 명문 학교인 도쿄미술학교 출신 미술가
들은 고국으로 돌아오면 조선미술전람회에 거의 출품하지 않았다. 일본
유학을 다녀왔다는 엘리트 의식에, 국내 출신 미술가들과의 경쟁에서 오
는 심리적 압박이 강했기 때문이다. 그러나 김복진은 이러한 의식이 그리
강하지 않았다. 오히려 가까운 친구들에게 전람회에 참여할 것을 독려하
기도 했다.

　제4회 조선미술전람회가 열리기 한 달 전쯤엔 이승만, 안석주 등에게
미전 참여를 권유하고 함께 작업했다. 이승만도 이때 처음으로 조선미술
전람회에 참여하게 된다. 이 세 사람은 멤퍼드상회라는 양품 판매점 주인
이었던 이상필李相弼의 도움으로 지금의 경교장京橋莊 뒤에 있던 그의 집

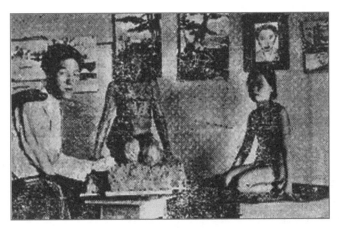

김복진 작업 모습
《조선일보》1925년 2월 22일

바깥채 아랫방을 화실로 쓰며 그림을 그렸다. 바로 옆방에서는 동양화가 청전 이상범과 묵로 이용우가 그림을 그리고 있었다.

부잣집에서 태어나 미국 유학을 다녀온 이상필은 문화사업에도 열의가 강해 예술 방면의 인사들과 많은 교류를 하며 후원했다. 당대 최고의 멋쟁이로 통하던 그는 겨울철에는 사냥을 주로 했으며 승마도 즐겼다. 그런데 우연히 사기도박단에 걸려 하루아침에 많은 재산을 다 날리고 낙향하고 만다. 미술을 사랑한 훌륭한 후원자 한 명이 사기에 걸려 사라진 것이다.

조선미술전람회를 준비한 세 친구 중 안석주는 작품을 완성하지 못해 출품을 포기했고, 김복진과 이승만 두 사람만 작품을 완성해 출품했다. 김복진은 세 점을 출품했는데, 그중 〈삼 년 전〉이라는 작품이 3등상을 받는 등 두 점이 입상했고 〈나체 습작〉은 입선에 들었다. 이승만은 수채화를 출품해 4등상을 받았다. 동갑내기 두 친구가 모두 특선에 드는 큰 상을 받은 것이다.

전시는 상품진열관이라는 곳에서 열렸다. 그런데 전시 시작 전부터 큰 문제가 생겼다. 개관 하루 전날 누군가 김복진의 작품 〈나체 습작〉을 훼손한 것이었다. 개관을 앞두고 작품의 전시 장소를 결정하느라 이리저리 끌고 다니다 그만 여인상 한쪽 팔이 뚝 부러져 버린 것이다. 이 소문이 각 신문에 보도되면서 급속도로 퍼졌다. 급기야 일본인들이 한국 사람의 작품에 일부러 손을 댔다는 말까지 나돌았다.

전화위복이라 할까. 이쯤 되니 첫 날부터 김복진의 작품은 전시장에서 단연 화제의 대상이 되었다. 왼팔이 떨어져 나간 조각 〈나체 습작〉 앞에는 사람들이 인산인해를 이루었다. 다른 한 작품은 3등상을 받고 한 작품은 훼손되어 화제가 되니 당시 무명이던 김복진은 일약 유명 미술가가 되었다.

당시 조선미술전람회는 호외가 나올 정도로 많은 이들의 관심을 받는 행사였다. 그런데 제4회 조선미술전람회에서는 이 외에도 다른 특별한 해프닝들이 있었다. 서양화 부문에 출품하여 4등상에 입상한 이제창의 나체화는 외설스럽다는 이유로 사진 촬영이 금지되었다. 주최 측이 진열하는 것은 문제가 없으나 사진 찍는 것은 풍기에 좋지 못하다 하여 촬영을 금한 것이다. 이 사건도 신문에 대서특필되어 전람회는 화제만발이었다.

〈나체 습작〉 사건으로 일약 유명 조각가 반열에 올라선 김복진은 다음 해인 1926년 제5회 조선미술전람회에서도 〈여인〉이라는 작품으로 특선에 오른다. 조각부에서 한국인 가운데 단연 걸출한 인물이었다. 그러나 연거푸 특선에 오른 김복진은 무슨 이유에서인지 한동안 조선미술전람회에 작품을 출품하지 않는다.

김복진, 〈불상 습작〉
《제15회 조선미술전람회도록》(1936)

김복진은 10년이 지난 1936년 제15회가 되어서야 〈불상 습작〉이라는 작품으로 조선미술전람회에 다시 등장한다. 서구적인 작품으로 수상했던 과거와 달리 불상佛像을 출품하여 화제가 되었다. 그동안 작품을 출품하지 않은 데에는 정신적인 방황이 크게 작용했던 것으로 보인다. 실제 김복진은 일본의 한 절에 머물며 인간적 고뇌와 불교적 깨달음 사이에서 방황하던 시절이 있었음을 이광수에게 토로하기도 했다.

이후에는 세상을 떠나기 전까지 조선미술전람회에 지속적으로 작품을 출품했다. 1937년 16회에는 〈나부裸婦〉로 특선을 했고, 다음해 17회에는 〈백화白花〉라는 작품으로 무감사 출품을 했다. 한 해를 거르고 1940년 19회 미전에는 두 점을 출품했다. 〈소년〉이라는 작품은 특선에 들고, 박영철朴榮喆(1879~1939)을 모델로 제작한 〈다산多山 선생상〉은 무감사에 든다. 이 무렵 김복진은 단순한 한 명의 조각가라기보다는 한국 조각계를 이끄는 거물의 위치에 올라서 있었다.

'공출'과 전쟁으로
현전하는 작품은 극소수

김복진은 현대적 개념의 조각가로는 참으로 불행한 인물이다. 현재 그의 작품으로 전하는 것은 대부분 불상과 같은 불교미술뿐이다. 서양식 조각에 바탕을 둔 작가로서의 유작遺作은 거의 없다. 세상을 떠났을 때 50점 남짓한 작품이 작업실에 있었지만 구리로 만든 것은 제2차 세계대전 막판에 일제의 쇠붙이 공출로 사라졌고, 목조와 소조마저도 동생인 김기진의 인쇄소 창고에서 6·25전쟁 때 소실되었다고 한다.

불상으로는 전북 김제에 있는 금산사金山寺 미륵전彌勒殿의 본존불이 대표작이다. 미륵전은 내부의 위아래가 뚫린 3층으로 되어 있는데, 본존불은 높이가 12미터가 넘는다. 기존 불상 조성 방식과 달리 서양식 재료인 석고를 써서 제작했다.

원래의 본존불은 미륵전을 중창한 1635년에 조성한 것이었다. 이 본존불은 특이하게 커다란 무쇠 솥 위에 봉안되어 있어서 참배객들이 삼존불에 배례하고 무쇠 솥과 대좌 사이 공간에 시줏돈을 넣었다고 한다. 그런데 동자승이 촛불을 잘못 다루는 바람에 솥 내부에서 불이 나자, 불길은 곧바로 불상 내부 목재에 옮겨 붙어 본존불이 무너지고 말았다. 이에 미륵본존의 복원 불사를 추진하던 금산사가 공모를 하여 김복진에게 맡기게 된 것이다.

속리산俗離山 법주사法住寺의 미륵대불도 그의 대표작이다. 미륵대불은 김복진이 머리 부분을 완성하고 전체 비례를 잡아 놓은 상태에서 자금난으로 중단되었다. 미완성으로 남아 있던 미륵대불은 그의 제자 윤효중尹孝重(1917~1967)이 맡아 1963년에야 완성시켰다. 이 작품도 당시로서는 희귀한 소재인 시멘트로 조성했는데, 후에 시멘트 조각이라는 이유로 높은 평가를 받지 못했다. 게다가 이 미륵대불은 1990년 금동불로 다시 만들어져 이제 김복진의 본래 솜씨는 거의 찾을 수 없게 되었다.

이 밖에 남아 있는 김복진의 불상 작품은 서울 영도사 석가모니불 입상, 충남 예산 정혜사 관음보살좌상, 충남 공주 계룡산 소림원 미륵입상 등 10여 점이 채 안 된다.

김복진의 조각에 대한 열정을 보여주는 일화가 하나 전한다. 그는 1928년 경찰에 붙잡혀 6년 가까이 감옥살이를 했다. 김복진은 참담한 감옥살이 중에도 먹지 않고 남긴 밥을 주물러 점토처럼 만들고는 인물상과 불상

• 김복진, 〈미륵전 본존불〉 •• 김복진, 〈법주사 미륵대불〉

을 만들었다. 그 솜씨에 놀란 간수들이 김복진을 목공소로 보내 작은 목조불상을 깎게 하여 감옥소 직매장에서 팔게 했다. 훗날 그가 불상 조성에 힘을 기울인 것과 통하는 이야기다.

사랑하던 딸이 세상 떠나자
한 달 뒤 그도 떠나다

1934년 출소한 김복진은 소설가 박화성朴花城(1903~1988)의 소개로 당시 배화여고보 교사로 있던 허하백許河伯(1909~?)과 만나 1년 후에 결혼한다. 김복진이 다니던 《조선중앙일보》 사장 여운형의 주례로 황해도 배천온천에서 결혼식을 가졌다. 허하백은 숙명여고보 졸업 후 일본에 유학하고 돌아와 교사를 하던 재원이었다.

김복진은 유달리 큰 체구를 가지고 있었으나 성격은 매우 유순했던 반면, 허하백은 외향적이고 냉철한 성격이었다. 1937년 두 사람은 사직공원 앞에 화실을 둔 산뜻한 2층 양옥을 짓는다. 이곳이 바로 한국 최초의 조각화숙인 '김복진미술연구소'이다. 이후 조선미술전람회에서 문석오文錫五(1904~1973), 이국전, 윤승욱尹承旭(1914~?), 김정수金丁秀 등 여러 신인들이 입상하는데 모두 김복진의 제자였다. 조선미술전람회의 조각부는 거의 김복진에 의해 이루어졌다고 해도 과언이 아니었다.

그 즈음 두 사람 사이에 '산용山鎔'이라는 귀여운 딸이 태어난다. 두 번이나 실패하고 마흔 가까이 되어 얻은 아이니, 그 소중함은 이루 말할 수 없었다. 두 사람은 귀하다는 뜻으로 '보보寶寶'라고 불렀다. 김복진은 늘 어디를 가든 보보를 팔 위에 안고 나갔고, 출장 후에는 반드시 보보의 선

• 김복진, 〈백화〉 •• 김복진, 〈소년〉

《제17회 조선미술전람회도록》(1938) | 《제19회 조선미술전람회도록》(1940)

물을 사가지고 왔다. 옷이나 모자 하나를 사도 아이에게 맞도록 자기가 다시 고쳐 입히곤 했다.

얼마나 아이를 안고 다녔는지 오랜 옥중생활로 뒤로 돌아가지 않던 한쪽 팔이 보보를 안고 다니면서부터 다시 뒤로 움직일 정도였다. 겨우 돌이 지난 아기를 팔에 앉히고 종로나 진고개를 오랫동안 돌아다니기도 했다. 일 때문에 만주나 또는 도쿄 지방으로 나가 있을 때에도 수첩에 붙여놓은 보보 사진을 들여다보면서 위안을 삼았다.

김복진은 딸의 출생을 계기로 청춘시절로 돌아간 듯 작업에 몰두한다. 필생의 역작을 남기려는 의욕을 갖고 아내와 딸과 함께 도쿄로 이주할 계획까지 세운다. 먼저 도쿄로 건너간 김복진은 가족이 살 수 있는 모든 설계를 거의 다 해놓고 10일 만에 돌아온다. 그러나 바로 그날부터 보보가 병에 걸려 아프기 시작하더니 결국 4일 만에 세상을 떠난다. 당시 치료가 힘든 전염병인 장티푸스였다.

아이가 죽자 김복진은 넋이 나가 극도로 쇠약해졌다. 밤이면 잠을 이루지 못했고 일어나면 무작정 거리를 배회하곤 했다. 딸이 죽은 지 일주일이 되자 중이 된다고 머리를 깎고 돌아와서는 "부모가 돌아가 따라 죽으면 효자라 하고, 남편을 따라서 죽으면 열녀라 하는데, 부모가 자식을 따르면 무엇이라 할까"라며 미친 듯 소리쳤다고 한다.

얼마 후 겨우 정신을 차린 김복진은 한동안 법주사 미륵대불과 청주 용화사 불상을 마무리하겠다고 돌아다니더니 얼마 되지 않아 앓아누웠다. 즉시 입원하여 치료를 받았으나 별 차도가 없다가 하릴없이 세상을 떠나고 만다. 그토록 사랑했던 딸의 죽음을 애처로워하더니 딸과 같은 장티푸스에 감염되어 죽은 것이다. 딸이 죽은 지 꼭 한 달째 되는 날이었다.

김복진의 죽음을 더욱 안타깝게 하는 편지 한 통이 전한다. 그가 1940

년 11월 딸에게 보낸 마지막 편지다. '사랑하는 딸 보보에게'라는 제목이 보는 이의 가슴을 아프게 한다.

오늘 동경東京을 떠나서 대판大阪 갔다가 그 길로 집으로 가겠다. 그동안 퍽 컸겠지. 엄마하고 싸우지 않고, 동네 아이들하고 잘 놀고 하였나. 이번 가을부터 보보가 살 집을 구하고 다녔다. 그리고 보보 동무될 사람도. 머리 깎고 매일 물장난하고, 옷을 자주 갈아입고, 모기, 딱정벌레 물리지 말고 잘 있다가 정거장에 나오너라. 이제 아빠는 보보 없이는 못살 지경이다. 보보 그러면 배탈 나지 말고, 감기 들지 말고, 모기 물리지 말고, 자빠지지 말고, 땀띠 나지 말고, 나흘 밤만 기다려라.

'아빠'가 쓴 편지 구절구절마다 아이에 대한 사랑이 듬뿍 묻어난다. 이토록 흠집 하나 없이 키우고 싶었던 아비의 마음도 몰라주고 속절없이 세상을 떠나고 마니, 아비는 하늘이 무너지는 것만 같았으리라. 결국 김복진 자신 또한 "보보 없이는 못 산다"는 말을 지키려는 듯 사랑스러운 딸을 찾아 먼 길을 떠난다.

이제창이라는 화가를
기억해야 하는 이유

한국 근대 서양화단의 태동을 언급할 때면 고희동, 김관호, 김찬영 셋을 가장 먼저 언급하곤 한다. 그러나 일본 유학을 마치고 한국에 돌아온 후 이들 3인은 모두 개인적인 이유로 서양화를 그만두게 된다. 한국의 서양화단을 본격적으로 지켜낸 이는 이들 이후에 나온다. 바로 나혜석과 이종우, 그리고 이제창 등이다. 진명여고보를 졸업한 나혜석은 1913년 도쿄에 있는 여자미술전문학교로 유학을 다녀와 평생 그림을 그리며 산다. 이종우는 한국 최초로 프랑스 파리에 미술 유학을 간 서양화가가 된다. 뒤를 이어 이제창이 1921년에 도쿄미술학교로 유학을 떠났고, 비슷한 시기에 장발과 공진형 등도 같은 학교로 유학하여 본격적으로 한국 근대 서양화단을 개척한다.

이제창

이들 중 이종우와 장발은 후에 한국 화단의 중추가 되어 괄목할 만한 활동을 선보여 많은 연구가 이루어졌다. 그러나 이제창, 공진형 등은 평생 화단을 떠나지 않고 살았음에도 작품이 많이 전하지 않고 연구도 별로 없다.

특히 이제창은 최초로 서양화가가 된 고희동과 그의 영향을 받은 후예들이 화가로 성장하는 과정에서 다리 역할을 했던 중요한 인물이다. 그럼에도 그에 관해서는 아직 모르는 것이 너무 많다. 활동이 없었던 것도 아니고 친구들이 적었던 것도 아닌데, 한국 미술사에 그에 대한 기록이 너무 적은 것은 아쉬운 일이 아닐 수 없다.

사진·수묵화에도 능했던 팔방미인

이제창은 1896년 1월 27일 서울에서 태어났다. 대대로 역관을 지낸 중인 신분이던 그의 태안 이씨 집안은 개화기에 상당한 부를 축적했다고 한다. 이제창은 보성고등보통학교에 입학하여 2학년을 마치고, 인천상업학교로 옮겨 졸업한다. 1919년 24세 때 고희동이 중심이 되어 설립한 '고려화회'의 발기인으로 활동한다. 이제창이 발기인이었던 것을 보면 이때 이미 서양화가로서 상당한 입지를 구축하고 있었던 듯하다.

이제창은 1921년 비교적 늦은 나이인 26세에 일본으로 건너가 도쿄미술학교 서양화과에 입학한다. 그는 미술학교 재학 당시 그림보다는 연극에 관심이 많아 한국인 유학생 박승희, 김복진, 김기진 등과 함께 연극 단체 '토월회土月會'를 만든다. 이런 활동을 보면 이제창은 미술이란 단지 그리는 것만이 아니라 예술 전반을 아우르는 총체적인 것이라는 생각을 가지고 있었던 것 같다. 그의 이러한 경향은 같은 학교 선배였던 김찬영이나 동료였던 조각가 김복진이 문학 전공자들과 깊은 우정을 나누었던 것과 유사한 느낌을 준다.

1925년에 미술학교를 졸업하고 귀국한 그는 배재고등보통학교와 중동고등보통학교에서 미술교사를 한다. 당시 주로 일본인 미술가들이 맡았던 고등보통학교 교사는 전업 작가로서 생활이 되지 않던 시절 엘리트 화가들이 갈 수 있는 최고의 직장 중 하나였다. 그는 김복진의 집 근처였고 이승만의 집에서도 멀지 않은 서촌 필운동에 살았다.

그는 서양화가이면서 사진 분야에도 관심을 가져 사진작가들과도 교류가 많았다. 1928년 9월에는 사진협회의 초대 강사로 나가 '인생과 예술'이라는 제목으로 강연을 하기도 했다. 그는 단순히 사진에 관심이 있는 수준이 아니라 이론에 밝은 전문가였다.

> 시내 경성사진사 현회 연구부에서는 19일 오후 7시 반에 시내 서린동 애영愛影사진관에서 다음과 같은 연제와 연사로 강화회를 연다더라. 인생과 예술(이제창), 오일과 브롬오일(신낙균)
>
> — 〈사진현회강연〉, 《동아일보》 1928년 9월 18일

1930년 이후로는 서양화와 함께 수묵화에도 관심을 둔다. 그는 서양화를 그릴 때에는 특별히 호를 쓰거나 하지 않았는데 수묵화를 그리면서부터는 '석곡石谷'이라는 호를 썼다. 1942년에는 박광진朴廣鎭(1902~?), 김무삼金武森(1906~?), 구본웅, 이승만, 윤희순 등과 함께 '서양화가 수묵화전'이라는 전시를 열기도 한다. 서양화를 전문으로 하는 작가들이 연 수묵화 전시회라 화단의 많은 주목을 끌었다.

토월회 창립 때의 이제창(오른쪽 네 번째)
《동아일보》 1978년 1월 1일

프랑스 살롱전에 출품해
입선하기도

　　　　　　　당시 화단에서는 이제창의 화가로서의 활동 못
지않게 인간 됨됨이나 기행이 화제가 되기도 했다. 그의 활달한 성품에
관한 재미있는 일화가 남아 있다. 문학평론가 김문집金文輯(1907~?)이
1931년에 발간된 잡지 《동광》 제21호에 '이하관李下冠'이라는 필명으로
〈조선화가 총평〉이라는 글을 썼는데, 이 중 이제창에 대한 촌평 부분은
이제창의 성격을 잘 보여준다.

> 다변多辯한 씨氏다. 한 번은 종로 위에 있는 뾰족집을 그리러 갔다가 '이
> 집을 그리면 안 되오'라고 하는 관리인에게 씨의 대답이 걸작이었다. '아
> 니 그림이란 것은 이 집을 가만히 놔두고 그리는 것이지, 온통 떠가는 게
> 아닌데……' 씨는 미술이론에 들어서도 다변하기를 바란다. 요전 눈이
> 몹시 오던 날 밤에 자다 말고, 행길에 나와 그림을 그리다가 화구畵具를
> 눈구덩이에 들어 엎었다더니 다시 '에노구(물감 이름)'나 장만하셨는지?'
> 　　　　　　　　　　－이하관, 〈조선화가 총평〉, 《동광》 제21호(1931년 6월)

　　남의 집 앞에서 화구를 펼치고 집안을 넘보듯 그림을 그리는 화가의 모
습, 분명 당시로서는 낯선 풍경이었을 것이다. 당황스러운 상황에 유머
로 대처하는 걸 보면 그는 평소 언변이 좋으며 품성이 밝고 활발한 사람
이었던 것으로 보인다. 또한 눈 오는 날 밤 느닷없이 길에 나와 그림을 그
릴 정도로 그림에 대한 열정과 애정이 강한 사람이었음을 잘 보여주는 인
상적인 장면이기도 하다.

그는 1927년에는 세계무대로 눈을 돌려 프랑스에서 열리는 살롱 도톤느에 출품하여 입선하는 등 의욕적으로 활동했다. 조선미술전람회에 출품하여 본상을 받는 등 자신의 뜻을 펼치기도 했다. 하지만 광복 이후에는 별다른 활동을 하지 못하고 화단에서 멀어졌다. 그는 1954년 1월 27일 세상을 떠난다. 특이하게도 자신이 이 세상에 온 날과 같은 날짜였다.

조선미술전람회에서의
뜻하지 않은 화제

이제창은 1921년 도쿄미술학교에 유학을 가 1922년 조선미술전람회가 창설되었을 때에는 작품을 출품할 기회를 갖지 못한다. 1925년 유학을 마치고 귀국해서야 비로소 출품하기 시작해 1925년부터 1940년까지 다섯 차례 수상했다.

1925년 제4회 조선미술전람회에서는 〈여女〉라는 작품을 출품하여 4등상을 수상, 첫 출품에 본상을 받는 성과를 거둔다. 이후 1927년 제6회에서는 〈여女〉, 1930년 제9회에서는 〈풍경風景〉, 1931년 제10회에서는 〈정물靜物〉, 1940년 제19회에서는 〈모란牡丹〉으로 입선했다.

이 다섯 번의 입상 중에서 가장 인상적인 수상은 〈여女〉라는 작품으로 4등상을 받은 1925년 제4회 전람회 때다. 처음 출품하여 본상을 받는 큰 성과를 이루었지만, 한편으론 나체화(누드화)에 대한 인식이 자리잡지 못한 시대라 풍기문란으로 문제가 되어 사진 촬영이 금지되는 해프닝을 겪었다. 이제창의 작품은 평자들의 좋은 평가를 받았으나, 작품성보다는 여인의 나체를 그린 파격에 더 많은 주목을 받았다. 언론에서 이러한 사실을 다루면서 이제창은 많은 관심을 받는 작가가 되었다.

전시회가 시작되자 〈여女〉는 장안의 화제가 되었다. 아직 유교적 질서가 남아 있던 당시 한국 사회에서 여인의 벗은 몸을 그린 나체화를 전시하는 것은 용인되기 어려웠다. 당시 언론은 전시회장의 한 곳에 전시는 할 수 있지만 사진으로 만들어 일반인에게 돌리는 것은 풍기를 문란케 할 염려가 있다 하여 이 작품의 사진 촬영을 금지했다고 전한다.

나체화 촬영금지裸體畫 撮影 禁止

이제창 씨의 나체화는 사진 촬영을 금지했다. 금년 출품에는 이전보다 나체裸體의 작품이 극히 적은데, 서양화 중에 오직 한 점밖에 없는 이제창 씨의 출품으로 4등에 입상된 여자의 나체화는 선전 당국에서 임검한 결과 미술품으로 다만 한 곳에 진열하여 두는 데는 관계가 없으되 그것을 사진으로 만들어 일반에게 돌리는 것은 풍기상 좋지 못하다 하여 사진촬영을 절대로 금지하였다더라.

—《매일신보》 1926년 6월 31일

지금 보면 참으로 우스운 일이었다. 이제창은 이듬해에도 여인의 나신을 그린 작품을 출품하여 입선한다. 지난해처럼 사진촬영이 허락되지 않는 그런 일은 일어나지 않았다. 대신 평자들에 의해 지나칠 정도의 혹평을 받았다. 본인에게는 사진촬영 불가보다 평단의 혹평이 더 충격이었던 듯하다. 도쿄미술학교를 졸업한 자존심 강한 화가였던 그는 이 혹평 탓에 7, 8회 전람회에는 작품을 출품하지 않고 9회에서야 〈풍경〉이라는 작품으로 입선하며 다시 모습을 드러낸다. 1931년 제10회 전람회에서는 이전의 작품과는 다른 필치의 〈정물〉을 출품하여 두 해 연속 입선했다.

● 이제창, 〈여〉
《제4회 조선미술전람회도록》(1925)

●● 이제창, 〈여〉
《제6회 조선미술전람회도록》(1927)

●●● 이제창, 〈풍경〉
《제9회 조선미술전람회도록》(1930)

●●●● 이제창, 〈정물〉
《제10회 조선미술전람회도록》(1931)

●●●●● 이제창, 〈모란〉
《제19회 조선미술전람회도록》(1940)

이제창은 이후 한동안 전람회에 모습을 나타내지 않았다. 미술에만 전념하기 어려웠던 것으로 보인다. 이러한 현실은 1931년 이후의 활동에서 잘 드러난다. 그는 그림 그리는 일보다는 생계를 위해 일하다가 비교적 여유가 생긴 즈음에야 다시 작품을 하는 식이었다. 현전하는 그의 작품이 1937년에 집중되어 있는 것으로 보아 이때쯤 생활이 좋아져 다시 그림을 그리게 된 것으로 보인다. 1940년이 되자 다시 제19회 조선미술전람회에 〈모란〉이라는 제목의 작품을 출품한다. 9년 만의 출품이었다.

졸업작품 〈자화상〉과 대표작 〈독서하는 여인〉

현재 남아 있는 이제창의 작품은 10여 점 정도다. 30여 년을 활동한 화가의 작품치고는 무척이나 적은 양이다. 더욱이 조선미술전람회에 출품하여 수상한 작품은 한 점도 남아 있지 않고, 그의 작품 세계를 대표할 만한 대작도 남아 있지 않은 것은 매우 아쉬운 일이다. 다행히 그의 조카뻘 되는 서양화가 행인 이승만이 일부 소장하고 있던 것이 전해져 그의 작품을 접할 수 있게 된 건 다행스러운 일이 아닐 수 없다.

현재 전하는 그의 가장 오래된 작품은 도쿄미술학교 졸업작으로 그린 1926년작 〈자화상〉이다. 당시 도쿄미술학교 서양화과에는 졸업 작품으로 자화상을 제출하는 전통이 있어서 이제창도 자화상을 그려 제출했다.

〈자화상〉은 단색 배경에 옷은 선묘로 간단히 처리하고 얼굴 부분만 부각시킨 반신상 형식의 그림이다. 얼굴의 묘사도 구체적이고 섬세한 표현을 아끼지 않는 서양화 기법과는 다르게 부드러운 붓을 사용하여 마치 소묘하듯 자연스러운 화면으로 구성했다. 몇 번 안 되는 붓질로 그려낸 옷은 질감이 느껴질 정도로 뛰어난 묘사력을 보인다. 얼굴선의 묘사와 얼굴 윤곽의 생동감 있는 표현, 머리카락의 자연스러움이 오랫동안 수련된 학습의 이력을 보여준다.

현전하는 ㄱ의 작품 중에서 가장 대표적으로 꼽히는 것은 〈독서하는 여인〉이다. 한 여성이 의자에 앉아 책을 읽는 모습을 담은 그림인데, 전통적인 여인이 신여성으로 변모해가는 과정을 보여주는 듯하다. 〈독서하는 여인〉은 비슷한 그림이 각각 호암미술관과 국립현대미술관에 전하는데, 두 점 모두 1937년에 그린 것으로 거의 같은 구도에 색감만 다르다.

호암미술관 소장품은 붉은 색 치마를 입은 여인이 의자 등받이에 턱을 괴고 책을 읽는 모습을 그린 작품이다. 부드러운 필치에 주변을 과감하게 생략하고 사생 대상인 여인의 전신을 부각한 솜씨가 좋다. 노련한 붓놀림으로 자연스럽게 처리한 배경은 빛의 표현이나 원근의 처리가 자연스러

이제창, 〈자화상〉
도쿄예술대학미술관 소장

• 이제창, 〈독서하는 여인〉 •• 이제창, 〈독서하는 여인〉

호암미술관 소장 │ 국립현대미술관 소장

워 작품의 품격을 높여준다.

국립현대미술관 소장품은 호암미술관 소장품의 연작에 해당한다. 호암미술관 소장품이 붉은 색 치마를 입은 여인의 전신을 그린 그림이라면, 이 작품은 푸른 색 치마를 입은 여인의 반신을 그렸다는 차이가 있을 뿐 작품에 담아낸 의식은 같다. 두 작품 모두 4호(33×24cm) 크기의 소품이지만 현재 남아 있는 이제창의 작품 중에서 대표작이라 할 만한 것들이다.

이제창의 또 다른 작품세계를
보여주는 〈채석장〉

근래에 이제창의 작품 한 점이 새롭게 발굴되었다. 〈채석장〉이라는 제목이 붙은 이 작품은 전래 내력만으로도 호기심을 자극한다. 1962년 '한국 현대미술가 유작전'에 출품되었던 것으로 당시 서양화가 이승만이 소장하고 있던 작품이었다. 이승만은 이제창과는 같은 집안 출신으로 그와 각별하게 지냈다. 또한 그는 1920, 30년대 서촌 지역에서 주로 어울렸던 미술가들, 세칭 '옥동패'의 좌장 격 인물이었다. 그러니 그의 손에 이제창의 작품이 있던 것은 당연한 일이었던 셈이다.

〈채석장〉은 일제강점기에 돌을 캐내는 채석장의 풍경을 담고 있다. 4호 크기의 소품으로, 송판에 유채로 그렸다. 그림 안쪽에는 가파른 절벽 아래에서 채석하는 남자들의 모습이 묘사되어 있다. 몸을 구부리고 팔을 펴서 돌을 캐는 사람들의 동작이 매우 역동적이다. 가까운 쪽에는 캐낸 돌을 정리하는 여섯 명 여인들의 모습이 애처롭게 그려져 있다. 일제강점기를 살아가는 조선인들의 고통스런 삶의 모습이다.

전체적으로 흰색이 두드러져 우리 민족의 전통적인 색감을 보여준다. 땅과 벽을 표현한 밤색 계열의 흙빛이나 노동하는 피지배 민족의 삶이라는 소재 또한 당시 화가들의 주된 표현 주제였던 향토색, '로칼리즘'의 발현으로 보인다.

새로 발굴된 〈채석장〉은 이제창이 당시 식민지 조국의 현실에 관심을 가지고 있었음을 보여주는 작품이다. 그가 유학 후 조국에 돌아와 꾸준히 작품 활동을 하지 못한 것은 경제적 여건 때문이겠지만, 혹시 조국의 현실을 마음대로 표현할 수 없었던 시대적 상황과 관계가 있는 건 아닌지 모르겠다. 〈채석장〉 속 인물들의 고단한 삶을 보니 더욱 그런 생각이 든다.

이제창, 〈채석장〉

ⓒ 이제창

한국인 최초로
프랑스 유학을 한 이종우

한국 근대 화단과
일본

한국의 근대 미술, 특히 서양화단은 형성과정에서 일본의 영향을 벗어날 수 없었다. 당시 일본은 메이지 유신 이래 서양의 미술을 받아들여 나름의 근대미술을 만들어내고 있었다. 일본 정부는 능력 있는 미술인들에게 유럽이나 미국 유학을 권장했다. 특히 프랑스에서 공부한 화가들이 많았는데, 이들을 통해 인상파 미술이 일본에 유입되어 일본 서양화풍의 주류를 이루게 되었다.

한국에서는 1909년 고희동이 한국인 최초로 도쿄미술학교로 유학을 떠나고, 이어 김관호와 김찬영이 도쿄미술학교를 향해 유학길에 오르면서 서양화단이라 할 만한 것이 생긴다. 이들 세 명은 한국 근대 서양화단을 개척한 3인방으로 꼽힌다. 이들은 한국에 돌아와 처음에는 서양화 보급에 힘쓰지만 곧 서양화 작업을 그만둔다. 작가로서 성공했다고 말하기 어려운 이유다. 오히려 이들에 이어 일본에서 유학을 하고 돌아와 평생 화가로 사는 정월 나혜석과 설초雪蕉 이종우李鍾禹(1899~1981)가 진정한 의미의 한국 최초 서양화가라 할 만하다.

법을 배운다고 하고
붓을 잡다

설초 이종우는 황해도 봉산의 부유한 대지주 집 안에서 태어났다. 문중에서 세운 조양학교를 나와 평양으로 가서 평양고

이종우

《설초 이종우 화집》(동아일보사, 1974)

등보통학교에 다니던 중 일본인 미술교사인 후카미 요시오深水良雄의 지도를 받아 수채화를 배운다. 이때 그린 작품을 공진회에 출품하여 입선하며 화가로서의 꿈을 갖기 시작한다. 그러던 어느 날 선생과 함께 모란봉에 그림을 그리러 갔다가 특별한 광경을 마주하며 평생 화가로 살 것을 결심하게 된다. 당대의 유명한 화가였던 다카기 하이스이高木背水(1877~1943)가 유채로 모란봉을 그리는 모습을 보게 된 것이다. 그는 그동안 봐왔던 동양화와는 판이하게 다른 유화 작업을 보며 너무 부러웠다. 그의 눈에는 실제 모란봉보다 그림 속의 모란봉이 더 아름답게 보였다고 한다.

이종우는 고보를 졸업하고 일본으로 유학을 떠난다. 미술 공부한다면 허락받을 수 있는 상황이 아니었기에 그는 집에 법학 공부한다고 거짓으로 말하고 부모의 승낙을 받는다. 1917년 도쿄로 건너간 그는 부모의 뜻과는 달리 법과가 아닌 미술학교 입학을 서두른다. 그러나 입학이 뜻대로 되지 않아 약 1년간 교토에 있는 간사이미술연구소에서 입학에 필요한 데생과 기초 공부를 한다. 한 해 후인 1918년, 드디어 도쿄미술학교에 입학한다. 법학 대신 미술학교를 다니는 거짓 행동은 3학년까지 지속되다가 결국 들통나고 만다.

그는 도쿄미술학교에서 나가오카 코타로長岡孝太郎, 고바야시 만고小林萬吾(1868~1947), 오카다 사부로스케岡田三郎助(1869~1939) 등에게 지도를 받았는데, 특히 오카다 사부로스케의 영향을 많이 받았다. 오카다 사부로스케는 탐미적인 자연주의 화풍의 미학을 주창한 화가였다. 그의 감각적이고 화려한 아름다움은 이종우에게 많은 영향을 주었다. 이종우는 정감어린 색채에 동감하기 쉬운 성격이었기에 더욱 큰 영향을 받은 것으로 보인다.

이종우는 1921년 일본평화박람회 양화부에 출품하여 입선하는 등 빼어난 능력을 보였다. 1923년 미술학교를 졸업하고 귀국한 뒤 경성에 있는 중앙고등보통학교에 미술교사로 취임한다. 1924년에는 조선미술전람회에 〈추억〉과 〈자화상〉을 출품하여 〈추억〉이 3등상을 받는다. 그러나 이후에는 다시 출품하지 않았다. 조선미술전람회에 내재된 식민지 정책의 본성을 알게 되었기 때문이라고 한다. 대신 서화협회전에만 출품하기 시작한다. 서화협회는 자신이 고보를 다닌 평양 출신인 윤영기가 창설하고 안중식과 조석진이 이어서 운영한 단체였기 때문이다. 당시 도쿄미술학교 출신들이 총독부가 주관하는 관전官展에 출품하지 않으려는 경향이 있었기 때문이기도 했다.

파리로 유학 간
이종우

귀국한 지 얼마 지나지 않은 1925년, 이종우는 다시 프랑스 파리로 유학을 떠난다. 한국인 화가로는 최초의 프랑스 유학이었다. 그는 스스로 술회하기를 "절실한 미술에 대한 욕구와 집착이 있어 유학을 간 것이 아니라 단지 부잣집 아들의 세상에 대한 호기심 때문에 간 것"이라고 했다. 그러나 이는 겸손한 태도였을 뿐, 실제로는 미술에 대한 욕구가 매우 강했던 것으로 보인다. 집안의 반대를 무릅쓰고 거짓말을 해가며 법률 대신 미술을 전공한 이종우가 아니었던가? 파리에 도착한 이종우는 언어의 장벽을 해결하기 위해 프랑스어를 배우러 다닌다. 프랑스어가 어느 정도 익숙해지자 '무슈 개랑 미술연구소'와 '무슈 슈하이에프'에 다니며 미술공부를 한다.

1927년에는 살롱 도톤느에 〈모부인상〉과 〈인형이 있는 정물〉을 출품하여 입선한다. 한국인 최초의 입선이었다. 살롱 도톤느는 앙리 마티스나 후지타 쓰구하루 같은 유명한 화가들도 참여했던 유명한 미술전람회였다.

　〈모부인상〉은 파리에서 같이 미술 공부하던 친구의 부인을 모델로 그린 그림이다. 친구는 러시아 혁명을 피해 온 백계白系 러시아인이었는데, 어렵게 생활하던 터라 이종우와 같이 자기 부인을 모델로 그림을 그리곤 했다. 〈모부인상〉은 이종우의 다른 그림에 비해 한층 무르익은 경지를 보여준다. 치밀하고도 박진감 있는 표현은 유럽 고전미술 기법을 연구한 흔적이 가득하다. 한 인물을 소재로 그린 단순한 그림이지만 이종우의 학습 수준과 세련된 필치를 보여주는 좋은 작품이다.

파리 유학 시절(뒷줄 오른쪽에서 두 번째가 이종우)

《설초 이종우 화집》(동아일보사, 1974)

〈인형이 있는 정물〉은 화실의 탁상에 놓여 있는 녹색 화병, 거기에 꽂혀 있는 하얀 꽃과 백색 푼주에 담은 연꽃을 앞부분에 배치했다. 화면 중앙에 하얀 옷을 입은 인형이 담긴 유리 상자를 두고, 왼쪽 위로는 벽걸이 장식품을 걸어놓았다. 각 사물 간의 관계를 치밀하게 계산하여 배치한 실력이 눈에 띈다. 녹색과 흰색의 대비에서 오는 신선한 색채 감각도 돋보인다. 구성과 기교가 어우러져 높은 격조를 보이는 좋은 작품이다.

이종우의 파리 생활은 풍족하고 순조로웠다. 당시 파리에는 27명의 한국 유학생이 있었는데, 대개는 학비 조달이 어려웠다. 하지만 이종우는 고급 술집에서 밤새도록 코냑을 마실 정도로 집에서 부쳐주는 돈이 끊이지 않았다. 덕분에 그의 하숙집은 늘 파리 유학생의 집합소가 되었다. 일요일이 되면 약속이나 한 듯 이곳에 모여 고깃국을 끓여 먹곤 했다고 한다. 당시의 한국인으로는 보기 드물게 편안한 유학 생활을 한 셈이다.

귀국 후의
활동상

3년간의 공부를 끝내고 1928년 돌아온 이종우는 《동아일보》 주최로 귀국 개인전을 열었다. 30여 점을 출품했는데, 살롱 도톤느에서 입선한 작품도 함께 전시했다. 이때 출품된 〈모부인상〉은 김성수의 동생으로 경성방직을 경영하던 김연수金秊洙(1896~1979)가 샀다고 한다. 아마 이종우가 중앙고보 교사로 있던 인연으로 구입한 듯하다. 이종우는 1929년 다시 중앙고보의 미술 교사로 취임했다. 도쿄미술학교 선배인 고희동으로부터 물려받은 자리였다. 그의 교사 생활은 1950

이종우, 〈모부인상〉
《설초 이종우 화집》(동아일보사, 1974)

이종우, 〈인형이 있는 정물〉

《설초 이종우 화집》(동아일보사, 1974)

년까지 이어졌다.

1930년대 당시 중앙고보에는 어느 학교에도 없던 그럴 듯한 아뜰리에가 있었다. 고희동이 김성수에게 미술 연구를 위해 설치해 달라고 부탁해 만들어진 곳이었다. 이곳에 휘문고보 학생이던 이마동이 드나들며 열심히 서양화를 그렸고, 김용준, 길진섭, 김종태, 구본웅 등도 이곳에서 그림을 그렸다. 당시 미술을 좋아하여 화가가 되려는 꿈을 가진 젊은이들은 이종우가 지도하는 중앙고보의 화실을 매우 동경했다. 중앙고보생 김용준이 조선미술전람회에 입선하여 화제가 된 〈동십자각〉이 제작된 곳도 바로 이

이종우, 〈청전 초상〉

《설초 이종우 화집》(동아일보사, 1974)

아뜰리에였다. 이마동, 김용준 등 젊은 학생들이 순조롭게 그림을 그리고 화가로 활동할 수 있었던 데에는 이종우의 도움이 컸다.

이 시절 이종우의 작품은 파리 시절의 작품에 비해 필력이 쇠퇴하고 관찰력이 평이해진 듯 보인다. 파리 시절의 감각적인 필치가 무뎌지고 구성이 안이해져 매너리즘에 빠진 듯한 느낌마저 든다. 〈부인초상〉 같은 작품에서도 〈모부인상〉에서 보이는 긴장감이 없고, 다른 여러 그림도 파리 시절의 솜씨와 비교하긴 어렵다.

이 시기 작품 중에 〈청전 초상〉이 있다. 제목 그대로 청전 이상범을 그린 그림이다. 그가 이상범의 초상을 그린 것은 같은 화단에 소속된 동료라는 의식도 작용했겠지만, 자신과 함께 같은 동네에 살았기 때문이다. 이종우는 서촌 입구 사직동에 살았고, 이상범은 조금 더 들어가 누하동에 살았다. 걸어서 5분밖에 걸리지 않는 곳에 살아서인지 두 사람은 서로 가까이 지냈다. 작품 속 이상범의 모습이 실제 인물을 보는 듯 생생한 건 이런 친분 덕분이 아닐까 싶다. 구성도 볼 만하고 표현도 자연스럽다.

전쟁 이후 그의 삶,
그리고

해방 후 좌우 대립이 심해지자 이종우는 교사 생활 외에 다른 활동은 거의 하지 않는다. 간혹 새로 창설된 대한민국미술전람회(국전)에 출품할 작품을 그릴 뿐이었다. 1950년 홍익대학교 미술대학이 창설되자 이종우는 교수로 취임했다. 그러나 6·25전쟁으로 인해 교육과 작품 활동 모두 제대로 이루어질 수 없었다. 전쟁이 끝나자 그는

이종우, 〈아침〉(1957)

제2회 국전 심사위원장이 된다. 명실상부한 화단의 원로가 된 것이다. 이후 지속해서 국전 심사위원으로 활동하며 여러 전시회에 작품을 출품했다. 그는 다양한 주제의 작품을 다 잘 그렸는데, 특히 인상파 기법을 적용한 풍경이나 정물 등에 능했다.

이 시기에 그린 작품 중 특별한 것으로 1957년 제6회 국전에 심사위원 자격으로 출품한 〈아침〉이라는 그림이 있다. 노년에 접어든 이종우의 원숙한 해석 수준이 잘 드러나는 작품이다. 이른 아침 이슬 내린 정원의 신선한 공기가 느껴진다. 자유로운 형태를 보이는 조선백자는 담백한 이종우의 심성을 보는 듯하고, 난초 등 푸른 풀들은 시들지 않는 이종우의 화가로서의 푸른 에너지를 보는 듯하다. 구성, 색감, 필치 등 어느 하나 손색없는 그의 대표작이라 할 만하다.

이 작품은 국전에 출품된 후 행방이 묘연했다. 그런데 2016년 어느 날 느닷없이 한 경매에 출품되었다. 출품자는 5·16군사정변 주체 세력으로 두 차례에 걸쳐 국무총리를 지낸 정치인 김종필金鍾泌(1926~2018)이었다. 마침 1974년에 발간된 이종우의 도록이 있어 내용을 살펴보았다. 〈아침〉은 27번째 작품으로 실려 있었다. 소장처를 확인해보니 '김종필 소장'으로 되어 있다. 이 작품은 도록 발간 이후 계속 김종필 수중에 있었던 것이다.

이종우는 말년에 북한산 자락에 화실을 내고 북한산과 도봉산의 사계절 풍경을 화폭에 담았다. 말년을 자연에 묻혀 살고 싶어 했던 조선 선비들의 모습과 닮았다. 그래서인지 그의 말년 작품도 조선 문인화처럼 자연을 소재로 한 것이 많다. 이때 그린 그의 작품은 서양화라기보다는 한 폭의 수묵산수화처럼 보인다. 그러나 인상파 기법을 기조로 하여 비슷한 소재를 반복하고, 뛰어난 감성을 보여주지 못하는 한계를 드러낸다. 아쉬운 일이지만 한 화가가 평생토록 좋은 그림만 그릴 수는 없는 일이다.

동·서양화에 모두 능했던
귀재 김중현

새로 찾은 선전 특선작
〈춘양〉

2018년 5월 덕수궁 국립현대미술관에서 '한국 근대미술 걸작전'이 열렸다. 굴곡 많았던 한국 근대미술사를 장식한 뛰어난 작품들이 많이 출품되었다. 그 가운데 유독 화제가 된 그림은 철마鐵馬 김중현이 1936년 제15회 조선미술전람회에 출품하여 특선을 한 〈춘양春陽〉이라는 작품이었다. 서양화가로 알려진 김중현이 갑자기 동양화 형식의 채색화를 그리고 수상까지 해서 당시에도 화제가 된 작품이다. 이 작품은 1931년 제10회 조선미술전람회 서양화 부문에 출품했던 같은 제목의 〈춘양〉이라는 작품을 구도와 내용을 대폭 수정하여 다시 그린 그림으로 동양화로는 처음 수상한 것이다.

그동안 도판으로만 전하다가 최근에 발견되어 세상에 처음 공개된 이 작품은 1930년대 조선미술전람회가 추구한 작품 경향을 잘 보여준다. 당시 한국 가정의 모습이 한 화면에 집약되어 있다.

네 폭으로 된 병풍 형식의 그림 속엔 한국 여인의 삶이 오롯이 들어 있다. 음식을 준비하는 여성의 모습에서 시작하여 아이를 보는 여인, 빨래하는 여인, 동생을 돌보는 누이의 모습이 촘촘히 담겼다. 아이를 업은 소녀, 젖을 물리고 있는 젊은 여인, 무를 깎거나 썰고 있는 여인 등의 모습은 살아 움직이는 듯 생생하다. 할 일 없이 심심해 보이는 소년의 태도도 인상적이다. 인물들은 모두 입을 다물고 있고, 제각기 나뉘어 있는 것처럼 좁은 화면 안에서 서로 다른 장면을 만들어낸다. 다소 비현실적으로도 느껴지는 이러한 구도는 당시 유행하던 일본식 화법인 이시동도법을 구현한 것이다.

김중현, 〈춘양春陽〉(1936)
국립현대미술관 소장

그림을 자세히 들여다보면 전통 한옥 구조인 대청마루에 병풍, 도자기, 뒤주 등 한국적인 기물들이 놓여 있고, 마루에 다양한 색상의 한복을 입은 여인들이 각기 다른 일을 하고 있다. 당시 대가족으로 사는 한 집안의 이야기일 수도 있고, 한 여성의 평생을 집약해서 한 화면에 배치한 것일 수도 있다.

특히 여인들이 입고 있는 한복의 색감에서 보듯 선명한 색채의 대비와 조화가 돋보인다. 명암법과 원근법 등 서구적 화법을 사용하여 시각적 사실성도 두드러진다. 김중현이 본래 서양화를 먼저 공부했기 때문에 가능한 기법으로 보인다.

동양화·서양화 부문서 동시에 특선

서울의 가난한 집에서 태어난 김중현은 1919년 중학교 과정인 경성성애학교京城聖愛學校를 졸업했다. 어려서부터 그림 그리기를 좋아하여 화가를 꿈꿨지만, 어려운 가정형편으로 다른 화가 지망생들처럼 일본으로 유학을 가지 못한 채 직장생활을 하면서 독학으로 화가의 꿈을 이어나갔다.

그는 어려서는 전차 차장 및 점원 등으로, 후에는 체신국 및 미국공보원USIS, 신문사 직원 등으로 생계를 꾸리면서도 화가가 되고 싶다는 바람을 놓지 않았다. 1925년 무렵에는 조선총독부 토지조사국 하천계에 취직하여 제도 업무를 담당하며 생활의 안정을 찾았다. 그는 당시 일본에 유학하고 돌아온 친구들과 어울리며 틈틈이 그림을 그려 실력을 키웠다.

• 김중현, 〈구본웅 초상〉(1940) •• 김중현, 〈무녀도〉

개인 소장 │ 국립현대미술관 소장

다행히 조선미술전람회에 매해 거르지 않고 출품하여 수상까지 했기에 그림을 계속할 수 있었다.

김중현은 1925년 〈풍경〉으로 처음 입선한 후 1938년까지 입선과 특선을 거듭하면서 서양화계에서 입지를 굳힐 수 있었다. 초기에는 소박한 기법의 자연 풍경과 인물상이나 정물 등을 그렸다. 1930년대에 접어들면서는 점차 서민층의 삶과 풍속적인 정경을 토속적인 기법으로 표현해 독창성을 드러냈다. 당시 서양화계에서 인물 중심 풍속화를 그리는 이는 그가 유일했다.

1936년부터는 서양화뿐만 아니라 동양화도 그리면서 특선을 거듭하는 등 성과를 보였다. 특히 1936년 15회 조선미술전람회에서는 동양화 부문과 서양화 부문에서 모두 특선을 하여 미술계에서 대단한 화제가 되었다. 1940년까지는 계속해서 먹, 붓과 전통적인 채색 기법으로 민족사회의 현실적인 생활상을 담은 작품을 유화와 병행하여 조선미술전람회에 출품하는 의욕을 보였다.

1930년 무렵부터 김중현은 협전協展이라고 불리던 서화협회전에도 참여하여 유화와 동양화를 같이 출품했다. 생계를 위해 직장에서 도안과 포스터 등의 디자인 그림도 그렸다. 광복 직후에는 조선상업미술가협회를 조직하여 회장을 맡았고, 서울의 대동상업학교와 대신상업학교에서 미술교사로 교편을 잡았다. 그는 사직동에 살았다. 형의 집 근처이고 평소 가까이 지내던 옥동패들의 아지트가 서촌이었기 때문이기도 하지만, 직장 근처에 터전을 마련하고자 했던 뜻도 있었다.

왕성한 작품 활동은
부인의 내조 덕

　　김중현은 형수가 나서서 짝지어준 상대와 결혼
했다. 3·1운동 얼마 후 한 여인이 김중현의 형 집에 머물게 되었다. 그녀
는 독실한 기독교인으로 부모님이 일본인들에게 뜻하지 않은 죽음을 당한
후 서울로 올라왔는데 때마침 서촌 송월동에 살던 김중현의 형수 눈에 띄
어 함께 지냈다. 형수의 눈에 비범하게 보여 잘 꾸며놓고 지켜보니 역시
보통 여인이 아니었다. 그래서 형수가 나서서 김중현과 짝을 지어주게 된
것이다.

김중현, 〈실내〉
호암미술관 소장

그때까지 김중현의 살림은 형편없었다. 변변치 않은 월급쟁이에다 술이 입에서 떨어지지 않으니 살림 꼴이 엉망이었다. 그런데도 부인은 불평한마디 없이 살림을 잘 꾸려 나갔다. 김중현이 집안 살림에 별 신경을 쓰지 않고 작품 제작을 할 수 있었던 것도 다 부인의 내조 덕이었다.

김중현은 부인이 외출하며 밥을 차려 놓아도 자신의 바로 앞에 가져다 주지 않으면 먹지 않을 정도였다. 지금 세상에선 상상도 못할 일이다. 그런 김중현도 대구 피난 시절 부인이 병을 얻자 손수 미음을 끓여 병시중을 들다가 나중에는 병든 부인보다 먼저 쓰러질 정도로 그들 부부의 금슬은 각별한 데가 있었다고 한다.

김중현의 친구들,
그리고 묵로 이용우

김중현과 친했던 친구로는 이승만, 김종태, 윤희순, 안석주, 김복진 등을 들 수 있다. 이들은 거의 매일 이승만의 큰 집에 모여 그림을 그렸다. 수채화에 능했던 김중현이 이승만에게 수채화 그리기를 권하여 이승만이 조선미술전람회에서 특선을 하는 일도 있었다. 이들은 이승만 집 대청마루에서 그림을 그리다 저녁때가 되면 꼭 술집으로 향했다. 술을 한 잔도 못하던 윤희순을 제외하고는 모두들 술로는 둘째가라면 서러울 친구들이었다.

김중현의 친구 가운데 동양화가였던 묵로 이용우와 정재 최우석이 있다. 김중현이 후에 동양화를 하게 된 건 분명 두 사람의 영향이 있었을 것이다. 김중현의 누이와 결혼한 이용우와는 처남 매부 사이였다. 그림으로 맺어진 친구 사이이기도 했던 두 사람은 술 좋아하기로 유명해서 서로 잘 통하는 사이였다. 이용우는 취하면 늘 좌중을 휘어잡으며 농담을 잘하는 습관이 있었다. 술 한 잔 걸쳤다 하면 안하무인으로 좌충우돌 술자리를 휩쓰는 등 주사가 대단했다. 워낙 성미가 괄괄하고 입도 걸어 아무에게나 악의 없이 내뱉기를 잘해서 모르는 사람과 곧잘 시비가 벌어지기도 했다. 그러나 그때만 지나면 그것뿐, 뒤끝이 없기로도 유명했다.

한번은 이용우가 이승만 등과 함께 술을 마시게 되었다. 그날도 어김없이 거나하게 취해 우스갯소리를 시작했다. 마침 술자리 옆자리에 김중현이 앉아 있었다. 김중현은 이용우의 처남으로 좀 험상궂게 생겼지만 호인형의 얼굴이었다. 그런데 갑자기 이용우가 김중현의 얼굴을 보며 농지거리를 했다. 자신의 아내가 김중현을 닮아서 못생겼다는 것이다.

"글쎄, 이것 좀 보란 말야. 철마, 이놈의 상판대기에다가 뒤통수에 쪽진 머리를 얹어놓은 추물 중의 추물이 내 마누라니 내가 화 안 나게 되었어! 에이, 보기 싫어 죽겠다니까!"

이런 소리를 해 좌중을 웃겨 놓고 언제 그랬냐는 듯 다른 사람 곁에 바싹 다가앉아 다른 이야기를 해대며 헤실거렸다. 이런 일이 한두 번이 아니었다. 술자리가 있으면 늘 그 짓을 해대니, 그때마다 김중현의 속은 말이 아니었다.

묵로 이용우

승부욕도 강했던
애주가

　　　　　　김중현의 뒷얘기 중 대부분은 술과 관련된 것들이다. 그의 주량은 타의 추종을 불허했는데, 가장 대표적인 일화가 일본인과 주량을 겨뤘던 이야기다. 한번은 잘 가던 술집에서 그의 주량 소문을 들은 일본인이 화이트호스White horse 위스키 한 병을 가지고 와 시비를 걸었다. 한번에 쉬지 않고 다 마시면 돈을 내지 않고 실패하면 돈을 내고 가는 시합을 하자고 덤벼든 것이다. 당시 화이트호스 위스키 한 병은 쌀 한 가마니를 훌쩍 넘는 값이어서 아무나 마실 수 있는 술이 아니었다.

　술에는 자신 있던 김중현은 술 마실 욕심으로 받아들여 단번에 들이키기 시작했다. 그러나 생각처럼 한번에 마시기는 쉽지 않아 중간쯤 되니 견디기 어려웠다. 속이 콱 막혀 넘어가질 않았다. 그러나 승부에서 지기도 싫고 술값이 만만치 않아 그만둘 수 없었다. 억지로 견디고 끝까지 마시자 주변 친구들은 승리의 환호성을 울렸다. 귀가 앵앵거리고 맥이 탁 풀리고 입만 벌리면 뱃속의 것이 솟아오를 것 같았지만 입을 악물고 안 그런 척 겨우 견뎌내고 내기에서 이기고야 말았다. 죽기를 무릅쓰고 얻어낸 술 시합의 승리였다. 그만큼 술을 좋아했고 승부욕이 강했다. 그리 오래전 일도 아닌데 다시 못 볼 전설처럼 느껴지는 이야기다.

한글 서예의 산실
배화여자고등학교

배화여자고등보통학교와
한글 서예

인왕산 남쪽 끝자락, 필운대 아랫동네를 '필운동弼雲洞'이라 부른다. 필운대 바로 아래편에는 오래된 학교가 하나 있다. 1898년 미국 남감리교 여선교사 캠벨Josephine Campbell이 세운 배화여자고등학교다. 캠벨은 고간동(현 내자동)에 여학생 2명과 남학생 3명을 모아 '캐롤라이나 학당'을 창설했다. 1910년에 학교 명칭을 '배화학당'으로 바꾸고, 1916년 현재의 과학관 건물로 학교를 이전했다. 1926년 캠벨 기념관이라 불리는 현재의 본관을 신축하여 학교가 완성되었다. 1938년부터 배화여자고등학교라 이름을 바꾸고 현재에 이르고 있다.

배화여자고등학교는 기독교 사상에 입각하여 한국 여성 교육에 앞장섰던 선구적인 학교로, 완전한 여성을 키우는 데 많은 노력을 했다. 뿐만 아니라 일제강점기 한글 교육, 한글 서예 발전에도 중요한 역할을 했다. 이렇게 될 수 있었던 데에는 교사로 재직하며 한글 서예를 연구한 두 사람의 힘이 절대적이었다. 한 사람은 독립운동가로 한글 글씨를 잘 썼던 한서翰西 남궁억南宮檍(1863~1939)이었고, 또 한 사람은 교육학자로 남궁억의 영향을 받아 한글 서예 발전에 남다른 노력을 했던 야자也自 이만규李萬珪(1889~1978)였다.

한글 서예를 연구한
남궁억과 이만규

남궁억은 어려서 한학을 수학한 후 영어까지 익힌 조선 최초의 영어통역관으로 고종의 통역을 맡았던 인물이다. 1895년

필운동의 배화여자고등학교

에는 궁내부의 토목국장이 되어 '탑골공원'을 축조하기도 했다. 1898년 독립협회 관계로 투옥되었다가 풀려난 후 《황성신문》 사장이 되고, 1905년에는 성주목사, 이듬해에는 양양군수로 일하면서 양양에 현산학교를 설립했다. 1908년에는 《교육월보》를 간행하고 관동학회 회장을 역임했다.

1910년 8월에 한일병합조약이 체결되자, 남궁억은 바로 배화학당의 교사가 되어 학생들에게 한글과 역사를 가르쳤다. 《가정교육》, 《신편언문체법》 등의 교과서를 만들고, 《우리의 역사》, 《언문 체법》, 《가정교육》 등의 책을 발간했다. 또한 학생들의 독립사상을 고취하고, 애국 가사를 보급했으며, 한글서체를 창안하여 보급하는 데 힘썼다.

그는 "일하러 가세, 일하러 가세"로 시작하는 〈삼천리반도 금수강산〉을 비롯한 노래와 시 등을 작사·작곡하고, 나라꽃인 무궁화를 전국에 보급하기 위해 노력했다. 노동과 애국심을 주제로 한 찬송가와 시, 가사 등을 지어 전국의 교회와 기독교계 학교들에 보급하기도 했다. 그가 지은 창가 가사 〈무궁화동산〉, 〈기러기 노래〉, 〈조선의 노래〉 등은 민간에 널리

남궁억

이만규

유행했다.

남궁억보다 15년 정도 늦게 배화여고보에 부임한 이만규는 본래 의사였지만 적성에 맞지 않아 그만두고 교육학과 한글을 공부하여 교사가 되었다. 천자문의 마지막 글자 '야也'로서 '자신[自]'을 낮추는 겸손함을 표현하고자 호를 '야자也自'로 지었다고 한다.

이만규는 1889년 강원도 원주에서 태어나 서당에서 한문과 서예를 수학하다가 16세가 되어 경성에 올라와 경성의학교에 다녔다. 졸업 후 개성에서 의사 생활을 하던 중, 1913년 윤치호의 권유로 개성 송도중학교에서 교육활동을 시작했다. 교사 생활 중 반일적 내용의 노래를 보급하고 3·1운동에 참가했다는 이유로 수감되기도 했다.

1926년 그는 개성 생활을 정리하고 경성의 배화여고보 교사로 부임하여 교무주임과 교장 등을 맡았다. 조선어연구회에 가입하여 간사, 위원장을 맡으며 정력적으로 한글 운동을 펼치기도 했다. 국어 철자법을 통일하고 보급하는 등 많은 활동을 했던 이만규가 이렇게 한글에 관심을 갖게 된 것은 젊은 시절 관동학회에서 활동할 때 받은 남궁억의 영향이 절대적이었다.

관동학회를 세운 남궁억은 궁체에 바탕을 둔 한글 서예에 독보적인 실력을 갖춘 뛰어난 예술가였다. 이만규는 남궁억에게 감화되어 한글 서예에 관심을 갖기 시작한다. 이때부터 이만규는 직접 한글 글씨를 쓰며 궁체 연구에 집중한다. 두 사람이 경성의 같은 학교에서 교사 생활을 한 것 또한 인연이라 하지 않을 수 없다.

이만규의 각별한
한글 사랑

이만규는 6남매를 두었는데, 딸이 넷이었다. 그는 선각자적 교육열로 당시로서는 드물게 네 딸을 모두 전문학교에 보냈다. 첫째는 임경姙卿, 둘째는 각경珏卿(1914~?), 셋째는 철경喆卿(1914~1989), 넷째는 미경美卿(1918~)이다. 이 중 각경과 철경은 쌍둥이다. 첫째 이임경은 경성사범학교를 다녔고, 이각경은 이화여전 가사과를 다녔으며, 이철경과 이미경은 이화여전 음악과에서 피아노를 전공했다.

이만규·이각경, 《새시대 가정 여성훈》(1946)

그는 네 딸 모두에게 한글 서예를 가르쳤다. 주로 체본을 보고 글씨를 쓰는 방법으로 지도했는데 때로는 낙선재 등에서 상궁들이 쓴 글씨를 빌려 직접 보고 쓰도록 하는 등 열성을 보였다. 이각경과 이철경은 뛰어난 재주를 보여 아버지의 전폭적인 지원을 받았다. 경성사범학교를 졸업하고 초등학교 교사로 일하고 있던 큰언니 이임경도 막내인 이미경에게 글씨 지도를 할 정도로 네 자매가 모두 한글 서예에 뛰어난 실력을 보였다.

이만규는 본격적으로 서예를 익힌 이각경, 이철경, 이미경 세 자매의 호를 '봄뫼', '갈물', '꽃뜰'로 지어 주었다. '비단 땅', '비단 마음', '비단 글', '비단 글씨' 등 자매들이 사용한 아름다운 인장 문구 또한 모두 이만규가 지은 것이다. 이들 호와 인장의 문구에는 모두 우리글을 사랑했던 이만규의 정신이 깃들어 있다. 세 딸은 아버지가 지어준 호와 인장의 글귀를 평생 사용했다.

이각경, 이철경, 이미경 세 자매의
활동과 작품

네 자매 중 이각경, 이철경, 이미경 세 사람은 모두 배화여고보를 다니면서 한글 서예를 갈고닦았다. 이후 모두 전문학교에 진학해 자신의 전공이 따로 있었음에도 평생 한글 글씨를 놓지 않았다. 이들의 노력은 한글 궁체가 서예라는 예술의 중요 분야로 자리잡는 데 중요한 역할을 했다.

1914년 개성에서 쌍둥이로 태어난 이각경과 이철경 두 사람은 어려서부터 한글 서예 공부를 시작했다. 개성의 호수돈보통학교에 입학했다가 5

학년 때 부친의 전근으로 경성의 배화보통학교로 전학했다. 이후 당대 최고 명문 여학교인 경성공립여자고등보통학교(경기여고 전신)에 함께 입학했으나, 2학년을 수료한 후 아버지가 근무하는 배화여고보로 전학했다. 우수한 두 딸을 자신이 재직하던 학교로 데려와 좀 더 가까이에서 한글 공부를 시키고 싶다는 이만규의 바람과 의지가 작용한 것으로 보인다.

두 사람의 활동은 여고보 시절부터 장안의 화제였다. 고보 졸업 후 이화여전에 동시에 입학한 것 또한 세간의 주목을 끌었다. 《동아일보》는 두 사람의 입학을 대서특필하며 〈공부 잘하고 글씨 잘 쓰는 미모의 쌍둥이 형제〉라는 제목과 함께 대담을 실었다. 이각경의 한문 글씨와 이철경의 한글 글씨도 같이 실어 두 사람의 비범한 재능을 칭찬했다.

배화여고보의 이각경과 이철경
《동아일보》 1931년 2월 8일

　언니 이각경은 이화여전을 졸업하고 일본 도쿄로 유학을 다녀온 후 몽양夢陽 여운형의 비서가 된다. 마침 충무공忠武公 이순신李舜臣(1545~1598)의 묘비 건립이 결정되자 여운형이 이각경을 추천하여 비문을 쓰게 했다. 당시 여성이 비문을 쓰는 건 매우 드문 일이라 큰 화제가 되었다. 이 일로 이각경은 서예가로 이름을 알리면서 초등용 습자책《어린이글씨체첩》과 중등용 습자책《가정글씨체첩》을 발간한다. 그러나 아쉽게도 1948년 남북협상 당시 북으로 가 눌러앉은 이만규와 함께 북에 남고 만다.

　이각경의 글씨는 전형적인 궁체로 필선이 강하고 강단이 있었다. 서예 작품으로서의 필체라기보다는 궁중에서 서사書寫 상궁들이 책을 베끼며 쓰던 필체에 가깝다. 세련된 맛이 강한 현대 한글 궁체보다 날것 그대로의 예전 궁체라고나 할까. 실용적인 글씨인 궁체가 현대 서예로 자리를 잡아가기 시작한 초기의 모습이 엿보인다. 이런 이각경의 필체는 훗날 북쪽에서 '각경체'라 불리며 북한 한글 글씨체를 주도하게 된다.

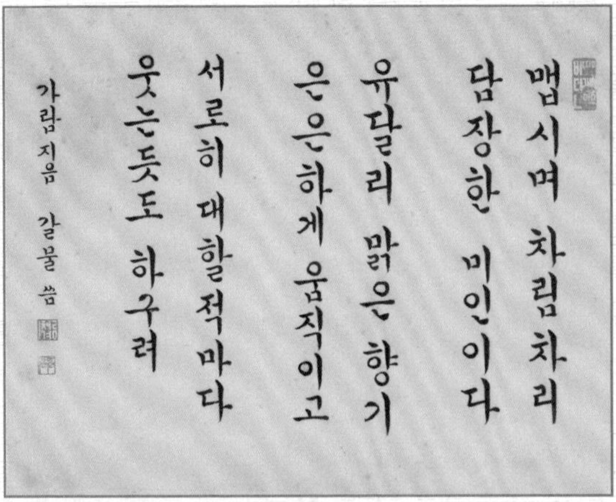

맵시며 차림차리
담장한 미인이다
유달리 맑은 향기
은은하게 움직이고
서로히 대할적마다
웃는듯도 하구려

가람 지음 갈물 씀

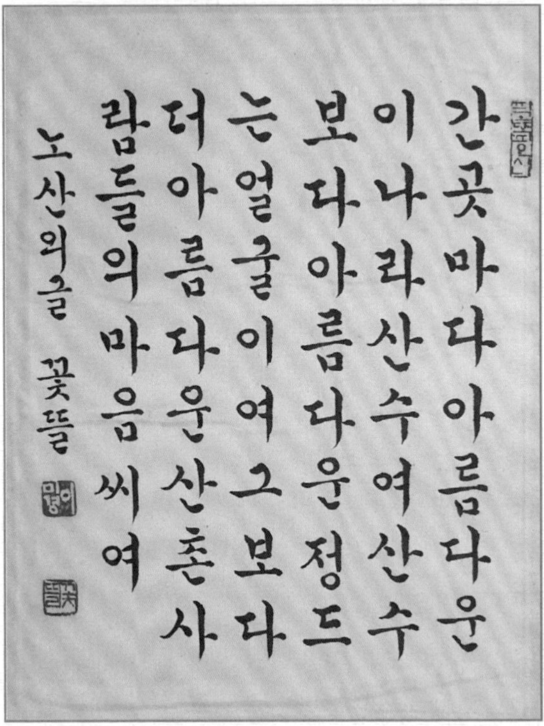

간곳마다 아름다운
이 나라 산수여 산수
보다 아름다운 정드
는 얼굴이여 그보다
더 아름다운 산촌사
람들의 마음 씨여

노산의 글 꽃뜰

• 이각경의 글씨 •• 이철경의 글씨 ••• 이미경의 글씨

남쪽에 남은 이철경은 이화여전 음악과를 졸업한 후 배화·이화 등 여러 여학교 교사를 거쳐 1960년 이후에는 금란여고 교감과 교장을 지낸다. 그는 교직에 있으면서 저명한 여류명사로 활동했으며, 서예가로서도 뛰어난 업적을 쌓았다. 문교부 검인정교과서 검정위원과 서예교과서 심사위원 등을 역임했던 이철경은 '갈물한글서회'를 창설하여 수많은 제자를 양성했다. 남한의 한글 서예 발전이 모두 그의 손에 달려 있었다 해도 과언이 아니었다.

이 밖에 그는 수많은 여성 단체 회장을 맡으며 여성운동에도 힘을 기울였다. 이철경의 글씨는 언니 이각경의 글씨에 비해 훨씬 부드럽다. 같은 체본으로 함께 공부했으나 타고난 개성이 달랐기 때문으로 보인다. 이철경의 글씨는 '갈물체'로 불렸는데, 쌍둥이 언니 이각경의 '각경체'와 함께 각각 남북의 한글 서예를 대표하는 필체가 되었다.

언니들과 마찬가지로 배화여고보를 졸업한 막내인 이미경은 이화여전 음악과를 졸업 후 음악교사로 10년 일한다. 그러나 한글 서예를 잊지 못해 학교를 그만두고 서예에 전념한다. 그는 강약과 완급을 조절하며 조화를 이룬 흘림체 궁서로 일가를 이룬다. 이미경의 솜씨는 실력에 비해 언니들의 명성에 가려진 느낌이 든다. 실제 한글 글씨를 쓰는 능력에 관해서는 많은 전문가들이 언니들보다 더 뛰어나다고 평가하기도 한다.

언젠가 같은 동네에 살던 언론인 성재誠齋 이관구李寬求(1898~1991) 선생과 대화를 나눈 적이 있었다. 이런저런 이야기 끝에 선생은 나지막한 목소리로 "한글 글씨는 '꽃뜰'이 좋지" 하며 빙그레 웃으셨다. 그 정도로 이미경의 글씨는 원숙한 경지에 있었다. 언니들의 화려한 명성에 가려져 빛을 발하지 못한 듯하다. 특별한 언니를 둔 동생의 숙명이었다고나 할까.

일제강점기 서촌과
일본인 화가들

개항 후 많은 일본인들이 한국에 들어와 살게 되었다. 이들 중에는 일제의 정치적 목적에 따라 들어온 사람들도 있고, 개인적인 필요에 의해 온 이들도 있었다. 1920년대 들어 한국에 거주하는 일본인은 100만 명에 이를 정도였다. 이들의 상당수가 정치·경제의 중심지인 경성에 살았으며, 서촌 지역에도 일본인들이 많이 들어와 살게 되었다.

서촌에 들어와 산 일본인 중에는 화가도 상당수 있었다. 이들은 주로 근처에 있는 학교의 교사로 일했으며, 일부는 본격적인 화가로 작품 활동을 했다. 앞에서도 여러 번 살펴보았듯 일제강점기 서촌은 화가들의 동네라 해도 과언이 아닌 곳이었다. 많은 한국인 화가들이 서촌 지역에 살았다. 당시 일본인 화가들과 한국인 화가들은 서로 배타적인 관계에 있지만은 않았다. 이들은 미술이라는 감성적인 매체를 바탕으로 소통하며 가까이 지냈다.

　일본인 화가들은 서촌뿐만 아니라 북촌이나 인사동, 정동 지역 등 주로 경성 중심부에서 지내며 활동했다. 그림을 그리기 위해 여러 곳을 돌아다니기도 했다. 이들은 오래된 풍경을 좋아하여 경성, 경주, 수원, 평양, 개성 등 고도를 많이 찾았고, 자연 경관 중에서는 유독 금강산을 많이 찾았다. 경성 근처에서는 북한산, 인왕산 등을 좋아해서 봄이 되면 꽃을 감상하기 위해 북한산이나 인왕산에 많이 올랐다. 특히 인왕산은 가깝기도 하거니와 서촌 지역에 일본인이 많아 더욱 자주 찾는 곳이었다.

일제강점기 서촌 모습
서울역사박물관 소장

시미즈 도운, 〈최제우 참형도〉와 〈최시형 참형도〉

ⓒ 서울옥션

일본인 화가들의
좌장 시미즈 도운

　　　　　　　일본인 화가 중 일찍 경성에 자리잡은 시미즈
도운淸水東雲(1869년경~1929년경)은 덕수궁 뒤 정동에 살며 일본인 화가들
의 좌장 역할을 했다. 그는 사진관과 화숙을 경영하며 제자를 가르치고 작
품 활동을 했다. 점차 그의 제자들이 한국에 거주하는 일본인 화가들의 중
심이 되었다. 그는 초상화를 매우 잘 그렸으며 화조화나 풍속화에도 능했
다. 천도교의 1, 2대 교주인 최제우崔濟愚(1824~1864)와 최시형崔時亨(1827
~1898)의 초상화와 처형 장면을 그린 작품이 남아 있다.

　이 중 〈최제우 참형도參刑圖〉와 〈최시형 참형도〉는 한국인의 자주적 행
동이 실패했음을 보여주는 가슴 아픈 작품이다. 우리의 쓰라린 기억이 한
국인 화가가 아닌 일본인 화가의 손으로 그려졌다는 사실이 그리 유쾌하
지 않다. 이 작품이 오랫동안 세상에 알려지지 않고 숨겨져 있던 이유는
그런 부끄러움 때문 아니었을까.

'조선 도자기의 신'이라 불린
아사카와 노리다카

　　　　　　　시미즈 도운이 살던 집 근처에는 '조선 도자기
의 신'이라 불릴 정도로 우리 옛 도자기에 깊이 매료된 아사카와 노리다
카淺川伯敎(1884~1964)도 살았다. 먼저 한국에 와서 조선의 민예품에 깊이
빠져 있던 아사카와 다쿠미淺川巧(1891~1931)의 친형이었던 그는 미학자

야나기 무네요시柳宗悅(1889~1961)가 경복궁에 조선민족미술관을 설립하는 데 많은 도움을 준다. 또한 조선총독부에서 문화통치의 일환으로 시행한 조선미술전람회의 창설에도 큰 역할을 한다.

아사카와 노리다카가 그린 수묵화 중 〈경성풍경도〉는 당시 경성의 모습을 잘 보여준다. 숭례문 쪽에서 백악산을 바라다보며 그린 그림이다. 멀리 보이는 산이 백악산이다. 그 밑에 있는 각진 건물 앞 두 개의 기둥에 걸린 깃발은 박람회가 열리던 시기의 어느 날을 그린 것임을 짐작케 한다.

큰길을 내닫는 트럭과 레일 위를 달리는 전차의 모습, 바삐 오가는 길가의 사람들 묘사에서 분주한 경성의 모습이 느껴진다. 건물들을 과감히 생략한 구도와 역동적

아사카와 노리다카, 〈경성풍경도〉
오사카시립 동양도자미술관 소장

인 필선이 돋보인다. 빠른 획이 도시의 활력을 생동감 있게 잘 표현했다. 곡선으로 표현한 큰길과 둥근 선으로 대충 빠르게 그린 형상, 문지르듯 번짐을 이용한 담묵 처리는 아사카와 노리다카의 산뜻한 재기를 보여준다.

평생 한국 풍경을 그린
가토 쇼린

가토 쇼린加藤松林(1898~1983)은 참으로 한국을 좋아했던 화가다. 시미즈 도운의 수제자였던 그는 한국에 와서 처음으로 그림을 배웠다. 장충동에 거주하며 사업을 했으나 그림을 배운 후에는 주로 화가로 활동했다. 한국을 너무도 좋아하여 평생토록 한국의 유적이나 풍경을 소재로 한 그림만 그렸다.

가토 쇼린, 〈인왕산 풍경〉

가토 쇼린, 〈봄날의 북한산〉

그림의 소재를 찾기 위해 시간이 나면 늘 전국의 명승을 찾았다. 경주로 가서 계림雞林을 그리기도 하고 구례를 찾아 화엄사華嚴寺를 그리기도 했다. 함흥에 가서 태조太祖가 살던 본궁本宮을 그리기도 하고 삼척의 죽서루竹西樓를 화폭에 담기도 했다. 머나먼 제주도를 찾아 독특한 제주 풍속을 사생하기까지 했다.

가토 쇼린은 경성에 있을 때면 도성都城 부근을 돌아다니며 사생을 했다. 특히 봄이 되면 세검정洗劍亭·조지서造紙署 근처에 자주 놀러갔다. 북한산에 올라 복사꽃 핀 봄 풍경을 그리기도 했다. 인왕산에도 자주 올라 자연을 감상하며 그림을 그리곤 했다. 마침 그가 인왕산을 그린 부채 모양 그림 〈인왕산 풍경〉 한 점이 전한다.

담채로 희미하게 그린 〈인왕산 풍경〉은 마치 비 개인 뒤 산의 깨끗함을 보여주는 듯하다. 먹을 아껴 쓴 필법이 상당히 감각적이다. 윤곽 없이 몰골법沒骨法으로 표현한 것이 꼭 서양화가들의 수채화처럼 보이기도 한다. 인왕산은 바위로 된 산으로 화가들이 자주 그림의 소재로 사용했다. 〈인왕제색도〉에서 굳건한 인왕산의 모습을 강인한 필치로 묘사했던 정선과 달리 가토 쇼린은 섬세한 필치와 간결한 필획으로 인왕산을 묘사했다. 당시 일본에서 일어났던 신남화풍의 영향이다.

이한복과 가까웠던
이마무라 운레이

이마무라 운레이今村雲嶺라는 화가도 시미즈 도운의 제자였다. 당시 계동에 있었던 용곡여학교龍谷女學校 교사였던 그는 조선미술전람회에 출품하여 수상하는 등 작가로서 제법 많은 활동을 했다. 한국인 화가로는 특히 무호 이한복과 가까이 지냈다. 두 사람은 이한복의 집 대악루에서 자주 만나 술을 마시며 그림을 그리기도 했다. 한번은 만나 술을 마시다 함께 그림을 그렸는데, 그때 그린 합작도 〈향원익청香遠益淸〉이 전한다.

이마무라 운레이는 연꽃을 그리고, 이한복은 오창석의 필의를 담은 글씨로 화제를 썼다. 연꽃 줄기의 휘어져 올라가는 품새가 유연하고, 글씨 획의 얽매이지 않은 자연스러움이 부드럽다. 연꽃은 가녀린 줄기에 매달려 바람에 흔들리고, 힘의 강약을 능란하게 조절한 글씨도 하얀 종이 위에서 춤을 춘다. 어디선가 선율 고운 대금 소리라도 들려올 듯하다. 그림은 왼편으로, 글씨는 오른편으로 배치한 구성도 멋들어진다.

이한복·이마무라 운레이, 〈향원익청〉

여행 와서 세검정을 그린
야스다 한포

한국으로 이주해 살던 화가들만 한국을 그린 건 아니었다. 여행 왔다가 한국 풍경을 그린 일본 화가들도 많았다. 대표적으로 야스다 한포安田半圃(1889~1947)라는 화가가 있다. 그는 일본 신남화의 개척자인 고무로 스이운小室翠雲(1874~1945)의 제자다. 고무로 스이운과 제자들이 1940년경에 한국을 방문한 적이 있었다. 이들은 경성, 평양, 금강산 등을 여행하며 그림을 그렸는데, 이때의 경험을 소재로 그린 화첩 두 권이 남아 있다.

야스다 한포, 〈세검정 설후〉

그중 야스다 한포의 〈세검정 설후洗劍亭 雪後〉는 눈 내린 세검정의 주변 풍경을 그린 것으로 매우 뛰어난 솜씨를 보인다. 그는 이전의 다른 화가들과 다른 분위기의 세검정 풍경을 그림에 담았다. 바위 위에 자리잡은 세검정을 중심으로 삼고, 주변 배경을 단순하게 생략하여 눈이 쌓인 세검정의 모습을 감각적으로 그렸다.

흑백의 극단적인 대비와 단청의 감각적인 채색 등 표현 방식 또한 전형적인 일본화의 방식을 취하고 있다. 너무나 감각적이어서 오히려 한국의 세검정 같지 않은 '낯섦'이 느껴지지만, 기교적인 면에서는 어느 한군데 흐트러짐이 없는 솜씨와 격을 보여준다. 한국의 전통 가옥과 달리 처마가 들리고 잘 빠진 기둥의 모습은 작가가 어쩔 수 없는 일본인임을 느끼게 한다.

현재의 세검정 모습

오늘날의
세검정

　　　　　　　　필자는 이 글을 쓰기 며칠 전 성문 밖을 나간
김에 세검정을 찾았다. 지난날 우리나라의 문인들이나 화가들이 즐겼던
경치를 보면서 그들의 마음에 공감하고 싶어서였다. 성 밖이라 한적하던
이곳이 이제 도심으로 편입되어 예전의 정취는 느낄 수 없었다.

　본래 세검정은 도성에서 멀리 떨어져 있지 않은 데다 봄놀이 장소인
'탕춘대蕩春臺'의 아름다운 풍경과 잘 어우러져 매력적이었다. 하지만 이
제는 정자 옆으로 도로가 지나가 자동차 소리로 시끄럽고, 주변 산자락에
는 집들이 들어차 자연의 아름다움을 누릴 만한 환경이 아니었다. 새로
정비한 하천 주변 환경이 문화 시설이라기에는 격조가 없어 과거 세검정
의 명성은 찾기 어려웠다.

　아쉬운 마음에 정자 아래 물가의 너럭바위로 내려가 앉아 잠시 침잠하
여 옛적 모습을 생각하니 그나마 예전 분들의 흥취를 조금이나마 미루어
짐작할 만했다. 허나 그것도 잠시. 도로를 만들며 두 조각으로 잘린 탕춘
대 능선을 보자니 자연 유산의 보존에 대한 아쉬움으로 가슴이 답답해져
왔다. 왜 우리는 늘 잃고난 후에 후회할까 하는 자책이 저 깊숙한 곳에서
불끈 올라왔다.

현대 화가들에게도
여전히 매력적인 인왕산

현대 화가들의
인왕산 사랑

오늘날에도 적지 않은 화가들이 서촌 지역에 살면서 서촌을 소재로 그림을 그린다. 특히 인왕산은 화가들의 단골 모티브다. 바위로 이루어진 산세는 화가들에게 많은 창조적 영감을 준다. 다른 지역의 산들은 세월의 변화에 따라 시각적으로 많이 달라졌지만 인왕산은 크게 달라지지 않아 예전과 비슷한 느낌을 간직하고 있다. 그래서인지 조선시대 화가들 못지않게 현대 미술가들의 그림에도 자주 등장한다.

박대성과 오용길의
인왕산

먼저 동양화 형식으로 인왕산을 그린 화가를 살펴보면 박대성과 오용길을 들 수 있다. 두 사람은 동시대에 활동하며 한 시대를 풍미했던 화가들이다. 이들 모두 인왕산을 주제로 한 그림을 남겼는데, 표현 방식은 극단적으로 다르다. 박대성은 암벽으로 이루어진 인왕산의 면면을 수묵만을 사용하여 과감한 필치로 그린 반면, 오용길은 섬세한 필치로 봄날의 정겨운 풍경을 그린다. 산자락에 흐드러지게 핀 개나리의 모습은 그동안 보아왔던 인왕산의 모습과는 사뭇 다르다. 같은 소재를 다뤘지만 작가의 감성과 필치에 따라 인왕산이 전혀 다른 모습을 보인다.

수묵화로 그린
문봉선의 〈인왕산〉

동양화가 가운데 한동안 인왕산을 많이 그린 이는 역시 문봉선이다. 그는 겸재 정선의 실경산수에 매료되어 무수히 많은 한국의 실경 산야를 그리며 산수화를 수련했다. 그는 본래 수묵 운동의 중심에 있던 작가인데, 그때의 먹 사용 방식을 바탕으로 좋은 실경산수를 많이 남겼다. 그 가운데 2016년에 그린 인왕산 그림이 인상적이다.

큰 폭의 종이에 수묵만으로 바위산인 인왕산의 모습을 활기차게 그려냈다. 거침없는 필획으로 이루어져 겸재의 인왕산 그림에서 영향을 받은

• 박대성, 〈인왕산〉 •• 오용길, 〈인왕산〉 ••• 문봉선, 〈인왕산〉

듯하지만, 이를 현대적으로 재해석하여 새로운 감각도 보여준다. '법고창신法古創新'에 성공한 셈이다. 검은 느낌을 주는 인왕산 바위를 수묵 필치로 담아냈는데 무척이나 잘 어울린다.

남도 기질의 채색화로
인왕산을 그린 조풍류

　　　　　　　　근래 인왕산에 많은 애정을 가지고 작업하는 화가 중에 조풍류라는 이가 있다. 필명처럼 흥취가 많고 다양한 예술적 재능을 가진 화가다. 미술뿐만 아니라 음악에도 남다른 재능이 있다. 그래서인지 그의 그림에는 남다른 감성적인 풍류가 있다. 남도 기질이라 할 만한 그 '풍류'는 그의 작품에 오묘한 리듬감을 만들어낸다.

　그동안 인왕산을 그린 동양화가들이 주로 먹을 사용한 것과 달리, 조풍류는 채색화에 기반을 두고 그린다. 처음 시작한 밑그림에서부터 율동감이 느껴진다. 이런 그의 흥취는 채색이 더해지며 점차 안정을 찾는다. 그렇게 채워진 그의 푸른 채색 인왕산에는 달빛 정취가 있고, 그 아래 사람들의 진솔한 모습이 있다.

　이들 외에도 이종민이 프레스코 기법으로 그린 〈봉천가는길-서촌 5〉에서의 인왕산 모습은 고향 마을 같은 정겨움이 흐른다. 박능생이 수묵과 아크릴을 혼용하여 그린 〈번지점프〉는 현대에 사는 도시인이 바라보는 인왕산의 의미를 다시 생각하게 한다. 이 외에 박병일이 흐린 먹색으로 그린 그림은 독특한 느낌을 주고, 안석준의 안정되고 따뜻한 풍경은 보는 이의 마음을 즐겁게 한다.

• 조풍류, 〈인왕산〉 •• 이종민, 〈봉천가는길-서촌 5〉

ⓒ 김석

106세 현역 화가
김병기의 〈인왕제색〉

서양화가들 중에도 인왕산을 소재로 작업을 한 작가들이 여럿 있다. 그 중 김병기는 1916년생으로 올해 106세다. 이중섭 李仲燮(1916~1956)과 같은 해에 태어난 친구이니 보통 오래 전 사람이 아니다. 그럼에도 아직 현역으로 활동하고 있다. 그는 오랜 미국 생활을 끝내고 고국에 돌아온 후 산천을 두루 돌아다니며 보고 느낀 것을 작품화했다.

다시 돌아본 고국은 지난날의 산천과 그리 다르지 않았다. 그는 귀국 첫 전시회의 제목도 중국 시인 두보杜甫(712~770)의 시 〈춘망春望〉의 한 구절을 차용하여 '국파산하재國破山河在(나라는 망했으나 산과 강은 그대로 있다)'라 했다. 그만큼 그가 본 고국의 산하는 예전 그대로였다.

김병기, 〈인왕제색〉
삼성미술관 리움 소장

김병기의 산 그림 중 인왕산을 소재로 한 것이 몇 점 있다. 정선의 〈인왕제색도〉를 차용한 〈인왕제색〉이라는 작품도 그 가운데 하나다. 붉은 색 색조를 주조로 그린 이 작품은 도시 문명에 둘러싸여 혼돈에 빠진 자연의 모습을 담고 있다. 곡선으로 이루어진 산의 중첩된 선은 서로 교차하면서 리듬감을 보인다. 반면 산 주위에 직선으로 표현된 면들은 산을 가두고 있다. 이는 자연과 괴리된 이질적인 문명을 상징하는 것으로 보인다. 문명이라는 이름으로 채워진 세상 속에서 신음하는 자연의 모습으로 풀이된다.

〈몽유도원도〉를 새롭게 해석한
민정기의 〈유遊몽유도원도〉

1980년대 《현실과 발언》 동인으로 활동하며 한 시대를 장식한 화가 민정기는 더 이상 민중미술가를 자처하지 않는다. 이제 그는 현대 한국의 풍경을 그리는 풍경화가다. 그는 과거의 한국과 현

민정기, 〈유遊몽유도원도〉
금호미술관 소장

재 한국의 모습을 한 화면에 배치하여 현대를 되돌아보게 하는 방식의 기법을 주로 쓴다. 풍경화의 기본이라 할 수 있는 현실에 인문학과 역사학을 덧붙여 새롭게 해석한 그림을 많이 그린다.

그의 그림 중 서촌과 관련 있는 것을 꼽으라면 단연 〈유遊몽유도원도〉다. 안견의 〈몽유도원도〉와 요즘 세검정의 풍경을 합쳐 한 화면에 그린 작품이다. 그는 이 그림을 두고 "변해 버린 도시 풍경을 보여주면서 잊힌 기억을 되살려보고 싶었다. 인간이 터를 잡아 사는 기운을 느끼려고 애썼고, 실제 그 풍경을 사실적으로 옮기기보다 땅과 인간이 어울려 사는 모습을 담아냈다"고 말했다. 그의 말대로 이 작품은 안견이 살던 시대의 산야와 현대인들의 삶의 모습이 잘 어우러져 있다.

겸재 정선에 빙의된
서용선의 〈인왕산〉

서용선의 그림 속에는 늘 범상치 않은 기운이 흐른다. 그가 인물을 그리면 그 사람의 굴곡진 삶이 그대로 드러나고, 그가 자연을 그리면 그곳의 지나온 역사가 스며나온다. 그가 오래전부터 그린 단종을 주제로 한 그림에는 왕에서 폐위되고 노산군魯山君으로 강등된 단종의 비운이 배어 있다. 그의 그림을 볼 때면 늘 어떤 미묘한 기운이 서려 있는 듯한 느낌을 받는다.

근래 서용선은 인왕산을 주제로 개인전을 열 정도로 인왕산에 특별한 의미를 두고 자주 그린다. 그가 인왕산에 깊이 빠진 것은 역사적인 사건에 얽힌 것을 주로 그리던 화가로서의 촉감이 작용한 때문으로 보인다.

• 서용선, 〈인왕산〉 •• 임택, 〈인왕산〉

ⓒ 서용선 아카이브 | ⓒ 김석

인왕산은 서울의 중심부인 경복궁 근처에 있고 많은 조선시대의 이야기가 전해지는 곳이다. 비운의 왕자 안평대군의 이야기도 있고, 재주 많은 중인들의 삶도 있다. 일제강점기에는 일본의 제국주의 지배의 손길이 강하게 뻗쳤던 곳이기도 하다.

이렇게 점철된 역사의 무게를 정선의 〈인왕제색도〉에 빗대어 표현한 서용선의 화필은 수많은 과거의 숨결을 그림 속에 담아낸다. 그의 원색 색감과 거침없는 붓 터치는 원시적이면서도 강렬하다. 가라앉은 듯한 푸른 색감에서는 오랜 역사를 머금은 산의 연륜이 보이는 듯하다. 그 아래 숨은 듯 자리잡은 집들은 현대에까지 면면히 이어오는 백성들의 삶을 보여주는 것만 같다.

이들 외에 이대원이 점묘 형식으로 그린 아름다운 인왕산 그림도 여럿 있다. 그의 그림은 대중적 인기가 있어 새로운 인왕산 그림의 표상이 되기도 했다. 젊은 화가들 중에도 다양한 매체를 이용하여 작업한 작가 임택, 수채화로 인왕산을 정겹게 그린 김태헌이 있다. 이들은 모두 인왕산의 아름다움에 매료되었거나 인왕산이 가지고 있는 역사성에 빠져 자신의 작업으로 환치한 작가들이다.

여기서 언급한 작가들 이외에도 많은 이들이 인왕산을 소재로 그림을 그리고 있다. 현대의 많은 작가들이 여전히 인왕산을 좋아하고 작품으로 그리는 것은 인왕산이 그림의 소재로서 매력적인 산이기도 하지만, 나라를 이끌어가는 지배층을 굽어보는 곳에 있다는 상징성 때문이기도 할 것이다. 이런 지정학적 측면을 보면 인왕산은 영원히 한국인의 마음속에 있을 것이며, 앞으로도 계속 미술가들의 중요한 작품 소재로 쓰일 듯하다.

찾아보기

경성의 화가들, 근대를 거닐다―서촌편

⊙ 2022년 2월 28일 초판 1쇄 발행
⊙ 2022년 10월 11일 초판 3쇄 발행
⊙ 글쓴이   황정수
⊙ 펴낸이   박혜숙
⊙ 펴낸곳   도서출판 푸른역사
　　우) 03044 서울시 종로구 자하문로8길 13
　　전화: 02)720-8921(편집부) 02)720-8920(영업부)
　　팩스: 02)720-9887
　　전자우편: 2013history@naver.com
　　등록: 1997년 2월 14일 제13-483호

ISBN　979-11-5612-216-6　04900
　　　979-11-5612-214-2　04900 (세트)